老师怎么说，家长才会听

与家长沟通的19个建议

[美] 托德 · 威特克尔 Todd Whitaker 道格拉斯 · J. 费奥雷 Douglas J. Fiore 著

DEALING WITH DIFFICULT PARENTS

中国青年出版社

图书在版编目(CIP)数据

老师怎么说，家长才会听：与家长沟通的19个建议 /(美）托德·威特克尔（Todd Whitaker)，(美）道格拉斯·J. 费奥雷（Douglas J. Fiore）著；钟颂飞等译.
—北京：中国青年出版社，2023.4
书名原文：Dealing With Difficult Parents
ISBN 978-7-5153-6939-6

Ⅰ.①老… Ⅱ.①托… ②道… ③钟… Ⅲ.①家长工作（教育）Ⅳ.①G459

中国版本图书馆 CIP 数据核字（2023）第038577号

Dealing With Difficult Parents 2st edition/ by Todd Whitaker, Douglas J. Fiore
ISBN: 9781138938670

老师怎么说，家长才会听：与家长沟通的19个建议

作　　者：［美］托德·威特克尔（Todd Whitaker）　道格拉斯·J. 费奥雷（Douglas J. Fiore）
译　　者：钟颂飞　王　权　王正林　李端红
责任编辑：肖妩嫔
文字编辑：黄　婧
美术编辑：杜雨萃
出　　版：中国青年出版社
发　　行：北京中青文文化传媒有限公司
电　　话：010-65511272 / 65516873
公司网址：www.cyb.com.cn
购书网址：zqwts.tmall.com
印　　刷：大厂回族自治县益利印刷有限公司
版　　次：2023年4月第1版
印　　次：2025年3月第2次印刷
开　　本：797mm × 1092mm　1 / 16
字　　数：130千字
印　　张：10
京权图字：01-2021-3099
书　　号：ISBN 978-7-5153-6939-6
定　　价：49.90元

目 录

Contents

再版寄语

Introduction to the Second Edition

这本书是那些你不希望自己为之编写新版本的书之一。我们希望父母的认知水平会提高，意识到真正的教育家是站在他们这边的。然而，有时情况似乎正好相反。在与学生家长及其亲属互动时，教师如何才能更好地应对这些挑战？此外，社交媒体给我们带来了更多与家长互动的机会，也带来了更多的期待。我们如何平衡这些需求与来自测试和标准的日益增加的压力？

教师和管理人员对我们在第一版中给出的具体策略给予了高度赞扬。他们喜欢我们为他们提供的逐字逐句的指导，这使他们能够有效地与最具挑战性或最反复无常的家长打交道。这一版本的更新使教育工作者对他们与之互动的家长以及学生的家庭有了更深入的了解。此外，本书还提供了许多与家长合作的额外技巧，以及具体的脚本，帮助教师准确地知道当他们面对与家长最具挑战性的情形时，该说什么，以及如何表达。我们增加了一整章的内容来介绍如何与所有父母建立联系，这样你就可以赢得他们对你的支持，而是支持你，我们还在每一章中注入了新的想法。

预祝你在这个最具挑战性的领域里好运。我们有信心，这个版本将帮助你完善你的技能，提高你与难相处的家长打交道的能力。当然也包括那些不那么难相处的家长！

前 言

Preface

教师与家长打交道，是最具挑战性，也是最让人头疼的事情之一。虽然大多数家长都很好沟通，但总有一些家长令教师感到难以应对。他们专横霸道、反复无常、争强好胜、喜欢挑事，更有甚者，对他们的孩子漠不关心。有时候我们会质疑自己，怀疑是不是我们的沟通能力有问题。作为教育工作者，当我们第一次碰到不友善的家长时，通常会感到吃惊。我们也许心怀不安，或是觉得受到威胁。与这种家长进行交流时，如果我们不能想出有效的沟通办法，那么与其他家长打交道时，我们同样会胆战心惊。

在这种情况下，成功地进行交流是至关重要的。找一些话题、掌控对话、避免敏感措辞等，这些都是从经验中学来的技巧。不过，教师们掌握一些特定的语言技巧，实现交流的目的，并与学生的家长建立起积极的互动关系，还是十分有意义的。

大多数教育工作者还会面对一个令人头疼的事情，就是向友善的家长告知坏消息，能够以恰当的方式有效地做到这一点是获得家长支持的关键所在。比如，向家长解释学校的规章制度；向家长推荐有特定需要的项目；通知家长，孩子再不努力就有降级的危险等。发展和完善这些技能，对于从事教育的每一个人都是必要的。

本书将帮助所有教育工作者提高他们的沟通技能，以便有效地与最难沟通的家长进行交流。此外，教育工作者还可以学习一些特定的策略，以恰当的方式向家长通报不太好的消息。

我们还将提供一些有助于教育工作者与家长建立起信任的方法，这可以增进家长对学校的信任和支持，而这种信任和支持是建立良好家校关系的必要条件。在建立信任的过程中，主动与家长进行积极的沟通是不可或缺的一步。对于教育工作者来说，如果我们不主动与家长展开积极沟通，那么当我们不得不去沟通时，就很容易发生消极的沟通。以让人舒服的方式主动地与家长进行有效沟通，这是所有教育工作者必须学习和实践的一种技能。

Today's Parents

Part 1

第一篇

家长和教师为什么经常难以沟通

建议1 与家长的沟通

教师在教学过程中会面对各种困难，但令他们最害怕的是与一些难缠的家长打交道，这些家长会大吼大叫、威胁恐吓、粗鲁无礼……教师、校长以及其他教育工作者都不能回避这些问题。从某种程度上说，只要一想到与难相处家长沟通的情景，就会增加教学工作者们的心理负担。

除此之外，向那些友善而且积极配合教学工作的家长通报坏消息，也会让教育工作者们感到不安。是否有某些方法让我们更有效地完成这些工作？在我们备受煎熬的情况下，有没有一些我们可以利用并且依赖的工具？回答这些问题就是本书的目的。

第一部分会帮助你理解为什么有些家长身上会发生这样的情形。尽管处在不同时代、不同的环境，但我们还是可以从不同时代背景的家长身上找出相似之处。

第二部分会提供给你提高沟通技能的方法，以便积极有效地与家长沟通。也许有些方法你已经投入使用了，但我们还是希望有许多内容可以装入你的“锦囊”之中。

第三部分和第四部分会提供一些特定的交流方法，帮助教育工作者有效应对最为棘手的场面。这两部分还提供了一些对话示例，来帮助我们理解如何应付最难相处的家长，在冲突的情形下与家长有效地沟通。“如果家长的看法是对的，那会怎样”“道歉的力量”“告知坏消息”以及“处理好公平问题”，这些问题都将详细论述。我们还研究了汽车销售员的销售技巧，以此来学习在与家长们进行交流和沟通时，利用那些游说顾客的巧妙方法。

一般来说，我们把家长参与理解为加入家长协会（PTA）或者做甜饼之类的义务活动。这些事情的确重要，但孩子们最为受益的还是父母在家中对他们教育的参与。

家长的重要性

书中有几个术语我们需要做出说明，第一个词就是“家长”。“家长”在本书中是泛指的，家长是指父母（监护人）、祖父母或者成年人（监护人），我们把他们统称为家长而不去细分。但是，读者们一定要小心：当我们给学生家里邮信或者给学生发返校通知时，用词必须谨慎。如果向特殊组合的家庭发通知，我们不能轻率地使用“父母”这一词。

不过，我们在本书中泛泛地使用“家长”一词，是为了读者的方便，不同的读者可以使用合适的词汇与学生的家人进行沟通。

我们还需要指出一点，父母依然是父母，他们并不会真的与过去的家长不同。父母仍然希望自己的孩子得到最好的教育。当代父母与50年前的父母一样，仍然不知道什么是对孩子最好的教育，或者怎样提供最好的教育，但他们仍然希望孩子们受到最好的教育。事实上，我们现在最感到头疼的家长也许就是50年前最令教师感到难相处的父母，只不过他们现在是孩子的爷爷奶奶辈了。

尽管我们相信，人还是那些人，家长还是那些家长，但某些环境因素已经发生了改变，如单亲家庭的增加、全职工作母亲的增加、各种各样破碎家庭的出现。我们将在接下来的两章里详细讨论这些环境因素的影响。

尽管如此，我们依然相信，作为成年人，我们必须对自己的言行举止负责任。如果单亲家庭是孩子违纪的原因，那么每一个单亲家庭的孩子都会违纪，而我们知道这显然不是实情。此外，就算考虑社会因素的影响，家长是没有理由对那些教育他们孩子的专家粗鲁无礼或是专横跋扈的。

即使不去考虑上述这些环境的变化，家长本身就是教育者，如果自身存在问题，对孩子的影响是毋庸置疑的，而这正是我们必须关注的问题。在我曾担任校长的那所学校里，教职员工认为父母对于培养孩子的教育十分重要。当我们感到筋疲力尽，对某些学生越来越缺乏耐心的时候，我们对父母角色影响力的信念就越发强烈。当对某个或某些学生感到越来越难以处理时，我们总是提醒自己：如果对某些学生感到忍无可忍，感到耐心已经到了极限，几乎无法容忍他们第二天再走进教室，那么还可以做一件事，一件简单至极的事，就是与他的家长面谈。这将使你对那个孩子产生全新的看法，使你能够对他更加宽容。

这的确很神奇，只要我们与他的家长面谈，了解了他的家庭状况，我们对学生的看法通常会发生改变。我们会立刻认识到，“那个孩子原来很优秀嘛，我原本想他肯定让家长头疼，但现在看起来正相反，他是父母眼中的宝”。

学年快结束时，我们感到身心疲惫，忍耐力几乎到了极限，这个时候家访像魔法咒语一样能让我们精神振奋。如果因为捣蛋的学生而困扰，这时最好和他的父母谈谈。之后，你也许不再担心他，你不会对他感到愤怒，相反，你会希望把他当成自己的孩子带他回家。

这种观点对我们的帮助太大了。我们都知道，不应以消极的态度来看待所有的父母。我们认为，理解家长是我们教育理念的最关键部分，也是本书的宗旨。

如果知道怎样做，我们就会做得更好

事实上，90%以上的家长在养育孩子方面做得非常好，学校里通常只有5%左右的学生是真正调皮的。尽管很多学生都有需要提升的地方，还有成长的潜力，但绝大部分父母都已经做得不错了。我有一个坚定的信念：100%的家长如果知道怎样做就会做得更好。首先我们要知道，有些家长自己心中的所谓榜样是不起榜样作用的。大多数时候，我们是拿那些最难对付的家长的反应与我们自己父母的反应或者邻居小孩父母的反应进行对比。

说实话，如果学生的家庭结构完整，许多父母的确会有完全相同的反应，但本书不会去过多地讨论这些反应。我们已经知道怎样与容易相处的家长打交道，每个人都会。我们要讨论的是最难与我们合作、最棘手的那部分家长，而且涉及处理最为复杂的局面。那些耗费我们大量的时间和精力、令我们头疼的家长，就是我们必须认真对待的5%的家长。我们都知道对于我们要处理的学生，重要的是保持一种积极的态度。当我们与家长打交道时，也要保持这种态度。毕竟，家长的好坏是由学生来评价的，他们认为好的就是好的。

同时，我们还要不断提醒自己，保持积极关注。当我们召开返校前的家长会或家长教师座谈会时，来的家长不多，这是我们常碰到的难题。这个时候，我们应当认识到，不管怎样，这些来参加会议的家长，此时对我们而言是最重要的，我们绝不能让缺席的家长破坏了会议氛围。如果到场的只有10%的家长，我们要明白这10%的家长的重要性，他们将来也会来参加会议，而且还会向其他家长传递积极的信号。

我们必须不时地与那些令我们不高兴的家长打交道，此时我们需要注意，这些家长没有权力破坏家长会，更没有权力影响其他那些参加会议的家长。本书中我们会提供一些特别的点子，来帮助教师增加家长会的出席人数。我们必须时刻记得：最重要的家长是那些经常出席会议的家长，我们要让他们感到自身的重要。

从自己开始

与难相处的家长打交道，需要你首先从自己开始剖析。在教育领域不存在无上的权力，通常情况下，每一条规章都有例外。不论我们怎么使它一以贯之，总有时候，我们不得不改变自己的计划。但是，有些事情必须坚决执行，那就是对我们自己的剖析。

我收到过的最佳建议是，“你不必强调谁在负责，任何人都知道谁在负责”，在学校里尤其如此。想一想你学校里最好的教师（把你自己排除在外），他们是不是常常必须在教室里强调“这个班级由我负责”？我想他们从来不这样做。现在，想象一下你学校里最不会管理纪律的班主任，他们是不是经常想要证明谁是权威？他很可能一个小时强调好几次！结果是，班级里的25个学生都不认同他的这种权威。与最难打交道的家长沟通，也是同样的道理。

我们从不争辩、大吼、冷嘲热讽，或者违反职业道德。注意，关键词是“从不”。要知道，我们从不这么做是有原因的。原因之一是，在任何情况下，至少有一个成年人你可以依赖，而那个成年人就是你自己。另外，你永远不要与人争辩，因为除了争辩你还可以做很多的事。那些难相处的家长花大量的时间在与人争个高低，他们也许会在杂货店里与收银员争辩上20分钟，他们在家里争辩，在工作中处处向同事挑衅，这对他们来说是家常便饭，你又何必再加上“一顿”争吵呢？！

我们要有意识地控制争辩的次数，并问问自己，是不是经常大吼大叫，经常冷嘲热讽。在教室里，我们永远不要对学生大吼大叫。部分原因在于日常生活中我们对其他人不能这样，对学生更不应该如此。更深层次的原因是，我们最想对其大吼的那些学生，可能在他们的生活中，已经受过许多其他人斥责的对待。我们需要教他们以一种新的方式来沟通，而不是仅仅“磨炼”他们对怒气的忍耐力。

这些道理同样适用于家长。如果我们相信他们在尽力培养自己的孩子，那么我们的使命之一应当是帮助他们改善其培养方式。作为教育工作者，我们有责任始终如一地向自己接触的人展示良好的行为举止。那就是说，如果是10天，我们必须做到10天，而不只是9天。如果你怀疑这一点，那么你可以问自己两个问题：“10天中，我有多少天希望学生在教室和学校里守规矩？”“10天中，我希望家长能够有几天以尊重和礼貌的态度对待我？”如果这些问题的答案是10天，那么我们必须保证自己时刻为人师表。

尽管我们在书中时常提到要以真诚和专业的态度待人接物，但还是要再次强调始终保持对学生家长高度的尊重，这是非常关键的。否则，我们可能遇到更多的麻烦。

比如我们挂断了一个粗鲁无礼的家长的电话，尽管电话交谈的初衷可能是他们儿子或女儿的不良举止，而一旦他们抱怨我们挂断了电话，那么问题通常转移到我们的不恰当举止上来。我们要注意的是，不要因为不恰当的举止而使矛盾升级。

不要为了打交道而打交道

没有人会没事跑到牙医那里去请牙医吃饭，同样，我们也不会为了打交道而与难相处的家长打交道。请记住：没人希望与最棘手的学生家长打交道，对那些粗鲁无礼、咄咄逼人的家长尤其如此。大多数有能力的教育工作者，也不想与那些咄咄逼人的家长打交道，但这是他们工作的一部分，他们必须做。效率高的教育者和效率低的教育者在愿望上没有差别，但他们在行动上是有区别的。

这就是我们花整整一章来阐述与家长正面沟通的原因。首先，与家长正面沟通，可以大大帮助我们与家长建立理想的互动关系，建立我们希望拥有的信任。其次，如果我们不想与家长开展正面的沟通，那么通常情况下，当需要沟通时，沟通都是负面的。最后，通过我们自身的积极努力与家长展开正面沟通，不仅仅有助于建立良好的家校的互动关系，而且有助于增强我们与家长沟通时的信心。

建议2 让沟通更有效

每个人都想使我们的学校变得更好，我们都希望孩子们获得高质量的教育，我们也永远都会关注学校的发展。所以，影响学校发展的许多因素是很重要的，我们必须设法去了解这些因素，并使它们有助于孩子们的发展。在这些可变因素中，极为重要的就是家长。因此，有爱心、责任心的教育工作者会尽其所能，增加家长的参与度，进而丰富学生的学习体验。毕竟，我们当中有谁会故意不做符合我们学校学生最佳利益的事情呢？

> 家长对孩子教育的参与，毫无疑问是意义重大的。大量的研究表明：家长对孩子教育的参与程度越高，学生成绩越好。

不过，在这些研究中，还是有一些赢得家长参与的办法没有得到应有的重视。有些家长自身生活或工作的环境十分艰苦，这常常使得他们不好打交道。要与他们沟通，对于大多数教师来说，简直就是一件难以完成的任务。但是，教师还是必须去理解那些家长，设法理解这些家长们所处的艰难处境，如果不花时间来做这些工作，与这样的家长沟通就会是一件不可能完成的任务。通过更好地理解家长们的困难，教师们会感到更有热情去欢迎并包容家长们参与到学生的教育中。

你个人对当代家长形象的概括可能是（也可能不是）一个正面的形象。个人的概括取决于一系列偶然或非偶然的因素，如你在学校的地位、你所在社区的人口特征、你与家长最近一次的交流情况。在职业生涯中的某些时候，我们都会面对难以沟通的家长，他们能够以一己之力破坏我们对亲子关系的信任。在学校，我们会经历这种举步维艰和备感压力的时刻，即使是最乐观的教师也会向这种极端的负面情绪投降。我们会努力思考，反思自己。也许会安慰自己，这样的家长并不一定代表了所有家长。但是，除了这种安慰，我们必须意识到大多数家长并非有意刁难。事实上，当我们想到这类型家长时，只有一小部分的家长会闯入我们的记忆中。

> 不管你个人怎样描述你在学校里接触到的家长，我们应该意识到，当代家长能够发现他们自己身处的环境，在某些方面与自己父母从前所处的环境有所不同。

请注意，“不同”这个词并不是价值判断。它并非意味着更好，也并非更坏，它是中性的，只是意味着不同以往。本章的目的并非判断家长参与孩子教育的好与坏，而是确定当代家长与过去家长的不同方面。获得这些信息，将使我们更好地了解怎样有效地与家长沟通，使大家更好地完成共同的目标——实现孩子的成长。

我们在前面概述了当代父母和家庭的生活模式不同于以往，这里所涵盖的并不是全部的信息，也不是对所有家长的描述。不过，当我们试着去理解难以沟通的家长，并且学习怎样与他们有效沟通时，这些是值得深思的。使用这些信息的最佳办法是在你自己特定经历的背景下思考它。你在阅读时，也许发现自己正在凭想象勾勒出你正在接触的家长的形象。这很好，因为它将帮助你使这些信息生动起来。在分析了你自己的体验之后，你会更充分地理解家长。

最后，重要的是要明白，本章的内容不是在为家长的不当行为找借口。家长对教师做出的不当行为是没有任何借口可寻的，这些信息只是告诉我们家长所面对的挑战。

家庭结构

大量的统计数据表明，美国的文化一直经历着家庭的动态变化。不仅仅大量的统计数据验证了这些变化，只要我们经常观察，也会察觉到这些变化。在所有因素中，全职母亲是当代父母与过去的父母不同的因素之一。我们会发现，学龄儿童的母亲事业有成或寻找全职工作（并非家庭经济原因）的现象越来越普遍。美国劳工统计局统计数据显示，在美国，1940年只有不到9%的已生育妇女走出家门工作，到1997年，小孩年龄介于6岁到13岁之间的已生育妇女中，76.5%的人已经加入了就业大军。而到2019年，这一人群比例已增加到78.9%。

职场母亲数量的急剧增加，原因是多方面的，包括通货膨胀、子女养育成本上升、家庭中仅靠个人的收入实现“美国梦”的希望越来越渺茫等。此外，还包括美国离婚率的大幅上升以及非婚生子现象的日益普遍。这从下面的数据便可看出：2014年，41%的美国婴儿由单亲母亲抚养，这表明家庭结构已经产生了剧烈改变。丧偶曾经是造成单亲家庭的主要原因，但最近的统计数据表明，50%的单亲家庭是由夫妻分居或离婚导致的。

通过观察我们可以发现，这些单亲家庭中，很大一部分是母亲与孩子一同生活，并且承担抚养小孩的大部分义务。值得注意的是，在许多情况下，“主要抚养义务”这一术语容易产生误导，似乎暗示还有其他人承担着“次要抚养”的义务。然而，在多数情况下，一个小孩只有一个家长（父亲或母亲）在抚养，而这位“单亲”多半是母亲。事实上，有统计数据表明，2014年在美国生活的7500万名18岁以下青少年中，有24.3%即1810万名儿童只与母亲生活在一起。

这种显而易见的父爱缺失，为我们的学校和社会带来了严重的问题。只要随便问一位教师，这种单亲母子家庭对学生有何影响，多数教师都对这一问题抱有强烈的情绪反应。事实上，来自单亲母子家庭的孩子，一方面在学校里表现不好，另一方面也是违法犯罪活动高比率的主要原因。在一项研究中，研究人员调查了孩子在10岁之前的父亲参与情况，发现父亲在孩子成长过程中的参与越多，孩子的行为问题越少，阅读成绩得分也越高。

在美国，近780万儿童与祖父母生活在一起。这些祖父母不遗余力地照顾着儿女的孩子，应当获得我们最崇高的敬意。但是，我们都清楚，他们通常疲惫不堪，健康状况不佳，这些问题也无疑对学校教育产生影响。

家庭财富

除了家庭结构的变化，美国家庭的相对财富也发生了变化。2013年，家庭实际收入中位数比2007年低8%。尽管许多家庭在其他时期（如大萧条时期）的确也会陷入生活困境，但许多人认为贫富差距及在学校和社会中贫富阶层的交融在当代更加引人关注。

与家庭财富相关的另一个问题是出现了大量无家可归的孩子，事实上，孩子是无家可归人群中增长最快的。18岁以下的儿童占美国无家可归者总数的25%，45%无家可归的儿童和青少年（K-12[1]）在无家可归期间，没有接受正规的学校教育。高昂的生活成本、低工资和高失业率的共同作用只会加剧这些问题，迫使无数美国人在食物、住房和其他开支之间做出选择。研究表明，家庭通常会先支付固定的费用，比如房租和水电费，而不是伙食费。

家庭压力

贫穷和家庭结构缺失导致许多家庭承受着巨大的压力。许多父母超时工作，并且比他们自己的父母更加贫穷，这就难怪有些家长感到要找出15分钟与孩子的有效相处时间都是不可能的。由于学校不断强调学生在校读书期间的家长参与，教育工作者更加不会去考虑家长在工作中耗费的时间。结果，更多的父母因为自己没有关心孩子的教育而备感愧疚。这种愧疚感可能与业已存在的对学校的负面感觉相伴相随，共同导致许多家长变得懒于支持学校的工作。如果我们的学校教职员工能传递出一些理解这类家长苦衷的信号，也许他们会给予学校更大的支持。

众所周知，家庭压力的存在还有大量其他原因。除了经济和家庭结构问题，越来越多的迹象表明，成年人受到日益增多的压力而导致疾病。靠处方药来治疗焦虑症和其他社交问题的美国成年人急剧增多，便是证明。

尽管本书的前面部分并没有描述所有那些经常出入学校的家长，但他们也是我们的家长群体中日渐增多的一个部分。学校教职员工必须知晓这些统计数据，以避免将世界局限在我们的想象和偏见之中。因为我们知道，

① “K-12”中的“K”代表Kindergarten（幼儿园），“12”代表从小学一年级到高中三年级的12年中小学教育，K-12是国际上对基础教育的统称。——译者注

> 我们也不能盲目地接受家长参与的缺失，不能仅仅根据家长们对孩子教育的参与程度来判断他们。

> 我们需要理解当代家长：他们中大多数并没有意识到他们拥有了积极参与子女教育的资源。我们需要具备使这些父母能够参与子女教育的责任感，以及可以用来与那些难相处的家长进行沟通的策略。

父母在其子女的教育中扮演着非常关键的角色。此外，我们不能因为不用和那些难以沟通的家长打交道而感到兴高采烈。这种想法的确通常是一种自然反应，因为与这些浑身带刺的家长沟通，的确相当恼人而且费时。但是，缺少了这些家长，意味着我们也失去了某些宝贵的支持，这对我们的学生并不公平。

家长的一些典型行为

回顾一下我们与家长们无法沟通时的难堪场面。这些回忆通常不是令人愉快的，这种经历常常让我们想起“钉子划过黑板”那刺耳声时的讨厌感觉。但是我们可以找出一些与家长进行有效沟通的规律，将难堪的场面彻底改变。

我们的确可以找出许多难以沟通的家长的例子，以及作为教师和监管者曾经经历的难堪场面。下面的一些例子也许是你曾经亲身体验过的：

比如，一位家长冲进校长办公室，抱怨自己小孩的教师没有发现孩子天生的才能。可以差不多肯定地说，不论你在学校教哪个年级，都有过这种经历。假设我们在讨论一位幼儿园的小朋友，那位家长可能是他母亲或是他父亲，认定他的孩子有某一方面的天才。这位家长感到十分恼火，因为教师曾公开批评他的孩子不知道自己家的地址。家长因此变得暴跳如雷，跑来找校长，坚持要求学校处理这位不称职的教师。这位家长坚称，他的孩子整整8个月都在背诵自己家的家庭地址。

再来看一个例子。让我们假设这是一位上初中的学生，他下课时与别人打架。在“战斗”中，他给了别人几拳，导致另一名学生受伤，并且他还冲教师无礼谩骂，整个学校一度陷入混乱。作为对他打架的惩罚，校长宣布该学生不准参加学校的活动。学生的家长（母亲或是父亲）来到学校见校长，家长唯一明显的目的就是要看看另一位也参与了打架的学生受到怎样的惩罚。不管校长怎样使谈话集中在恰当的主题上，家长仍不满意，不依不饶地要求解释怎样处罚另一名学生。

尽管这类问题并不会直接导致校长因此而遭到解聘，但这些例子表明，教育工作者越来越多地面临这些家长的纠缠。这种场面一直以来并不仅限于发生在校长办公室，教师、校长、校车司机以及学校的其他职员也曾遇到过。如果无法妥善地处理好这些问题，那么公立学校的教育职能就会变得对家长越来越缺乏吸引力。如果不了解家长为什么会有此类举动，那么试图解决这种问题的种种努力都是徒劳无功的。

在以上的例子中，这些家长的举措是有原因的，本书后面的各章将会探讨其中的一些原因。记住，许多方面家长与我们想象中的不同。不过，设身处地地想一想，他们不一定都是错的。每位家长都各有不同，很多情况下与他们打交道，要求对他们的不同之处有所了解，有针对性地采取一些策略。随着本书的步步深入，我们会提供给您一些特定的策略和方法，

> 只有我们真正做到理解家长，我们才有望采用一些有效的做法来与他们顺利沟通。

它们将使与那些看起来难以沟通的家长打交道更加容易，而且也更易于化解这类矛盾。

需要记住的是，家长参与是学校成功的关键，这也是学生取得成功的重要因素。学校领导者必须认识到这个重要因素，并且在化解矛盾时充分利用到这一点。作为所有学生的领导者，我们肩负的义务就是理解和包容那些最难以沟通的家长，这种理解与包容同样也将成为提升教育质量的关键。

随着你渐次深入阅读本书，你将发现一些与发生在你所在学校雷同的例子，你会找到一些切合实际的解决方法。最终，你会逐渐理解与难以沟通的家长有效接触的价值所在，你会觉得在某种程度上，教育工作比以前更富有吸引力了。

建议3 这些家长到底怎么了

对当代家长及他们面临的境况进行描述，有助于我们了解美国家庭的生活是什么样子的。教育工作者只有确实地了解了这些方面，它们才会对我们的工作产生作用。如果只是抱怨这些家长的问题，并无任何作用，因为抱怨是无法解释为什么家长会有这样或那样的举动的。仔细研究关于当代家长的方方面面以及家长是如何理解我们的教育体系，对于我们理解为什么有些家长对学校持反感态度很有价值。此外，了解当代家长过去在校读书时的经历，有助于我们了解有些家长表面上与学校针锋相对，但其实是过去的“学校情结”在作怪。

感知即是现实

到你最喜爱的书店转一圈，你会发现许多书籍的主要目的不外乎两个：要么是帮助家长对其子女的学校进行问责，要么是告诉他们学校存在的问题。如今，许多学生的家长购买的书籍其名称大多是：《让学校负责：家长手册》《好学校：聪明的父母如何让孩子得到他们应得的教育》《公立学校和公共威胁：公立学校如何欺骗家长，如何背叛我们的孩子》《聪明的父母与成功的孩子：如何从当地学校得到你的孩子所需要的》。

粗略浏览这些书名，会使读者认为，家长们掌握了诸多信息，在肆意地控诉学校。事实上，从这些标题来看，家长并不是难以应对的，这是令人惊讶的。

我这样说也许对前文提到的作者不公平。他们在写这些书籍时，也许不是为了谴责我们的学校。不过，只要看一眼这些书名，就知道它们在暗示学生就读的学校出了一些问题。这些书还有一种暗示，就是家长必须为解决这些问题做点什么。有了这些暗示，当家长们在书架之间翻阅时，他们接收到的是什么样的信息呢？是极力赞扬我们教育高质量的信息？显然不是。如果你有过让家长与你分享其中一本书的不愉快经历，你会更好地理解这一点。

如果你真的有和这些书中所描述的某位家长打交道的不开心经历，你对此会有更深的理解。从这方面来想想，如果一位家长对学校教育孩子的方式感到不满，加上他又看到了以上的这些书籍，那么可以肯定他们的不满将愈来愈强烈。我们不难理解，那些已经心怀不满和愤怒的家长们的反应。他们会对这些书名中隐含的意思做何反应？事实上，在没有上述态度变化的基础上，他们不大可能降低对学校的支持度，而是更加怀疑。按照对学校支持态度的分类，将最配合学校工作的家长放在一端，最不配合的家长放在另一端。在这个态度连线上的任何一点，难道没有家长仅是通过浏览那些书名就改变了对学校的看法吗？因此，这种“抓眼球”的做法十分荒谬可笑。

> 在我担任校长期间，曾花大量精力使人们对学校产生正面的感知，但有一点也要记住，有许多人与我们的努力是背道而驰的。

要再次指出的是，事实上这些书籍中，有一些内容是纠正家长对学校的消极看法的，但书名大多和这样的内容背道而驰。遗憾的是，我们最终获得的是越来越多的家长对学校产生了偏见，声称我们的教育体制已经失败，我们现在要更加努力地纠正这种偏见。记住，对大多数人而言，感知就是现实。

家庭中心：小孩还是大人

除了当代社会中大众媒体对学校的看法，我们还必须再次回顾当代家庭的结构及功能，评估这些问题的方法之一就是研究社会大众在抚养小孩方面产生的微妙变化。一些社会心理学家指出，家庭可以分为两类：以小孩为中心和以大人为中心。在现实中，大多数家庭不能简单归为某一类，而是两者兼而有之。学者们认为，以小孩为中心的家庭往往是中产阶级家庭，他们的家庭资源通常着重放在满足小孩的需求上。相反，以大人为中心的家庭通常是社会中的较底层或底层家庭，他们往往将有限的资源用来满足大人的需要。要引起重视的是，家庭经济上的分类并非一定对应于以小孩为中心或以大人为中心，不过大体趋势如此。

> 我们需要做的是理解在某些情况下，以大人为家庭中心的态度源自难以满足日常生活需求，而不是随意评判所有以大人为中心的行为。

以大人为中心或者以自我为中心的家庭，父母整日在担心他们的基本需要是否能够满足，如食物和住所。结果是，孩子以及他们需要的东西丢到一边去了。这种家庭除了会产生明显的功能缺失，家长不会像以小孩为中心家庭的家长那样去关注孩子的学业，家长参与度不高、期望值不高，小孩成绩也不好。如果家庭拥有资源，同时期望成为以小孩为中心的家庭，那么孩子的需要就成为家庭生活的重心。

在你自己的学校经历中，也许你对这样的现状已经见之不怪了。这取决于学校所在的学区，因为经济状况好的地区毕竟是少数，所以大多数读者可能都在与以大人为中心的家庭打交道。因此，许多读者或许会抱怨，家长们似乎根本不关心他们的孩子，我们需要理解，对这类家庭而言他们别无选择。

当看到有些学生在家里并没有受到足够的关注时，我们心头思绪万千。“如果我能带这个孩子回家就好了……”“为什么这些父母根本不关心孩子”……这些想法读者们也一样有。尽管这种家庭很艰难，但我们需要意识到在以大人为中心的家庭中缺少关怀通常使家庭问题更加严重，大多数这样的家庭真的是别无选择。

还要注意的是，过度以小孩为家庭中心的家长与上述家长一样，只是走到了另一个极端，破坏作用同样巨大。回想起我们的经历，肯定能想起许多过度溺爱孩子的家长。对孩子的过度溺爱导致孩子产生了不切实际的自我感觉，使得他们在学校里惹上大麻烦，习惯了纵容孩子的家长即使意识到自己的孩子犯了错也总是为他们的行为辩解。你是否曾有过那样的经历？这些家长同样是难打交道的家长。

负面的学校经历

作为教育者，我们必须注意这样一个事实：大多数学生家长，在他们的学生时代没有留下好的回忆。与当代学校相比，学生家长当年就读的学校普遍不太重视情感教育，家长曾在这样的学校读书，他们大多数都不会把校园当成关心他们情感和成长的地方。虽然现在的教育更加关注学生的内心情感需求，但大多数家长对学校的印象始终停留在过去。因此，这些家长现在也不习惯对学生教育提出自己的见解。

他们负面的学习经历其实已经成为过去，因为他们自己没有努力去获得成功，或者是他们感觉学校使他们没能成功，这些都给他们造成了心理阴影。所以，我们可以理解这样的事实：对某些学生家长而言，只要一提到“学校”这个词，他们马上就会产生反感和恐惧感。

> 也有很多家长原本对学校给予积极的评价，并且相信我们邀请他们参与孩子的教育是十分真诚的。但是，由于我们为他们的参与制订了过于仪式化的制度，因此他们也变得不再信任我们。

尽管有些学校确实为家长参与孩子教育提供了许多不同的新方法（这在以后各章中将会概述），但大多数方法仍然回归到传统的形式中，只是被伪装成家长参与教育的机会罢了。比方说，传统的学校开放参观日，学校邀请家长来只是听教师解释规章制度和学年目标。

通常情况下，家长与教师的互动机会少之又少。这种互动的缺乏导致两者无意中产生了隔阂，因此减少了家长选择参与未来学校活动的机会。正如哈佛大学教育学教授莎拉·劳伦斯·赖福解释的那样：

> 学校组织公开的仪式化的活动并没有考虑到教师与家长之间真正的接触、商谈或者批评。相反，这是一些制度化的方法，打着礼貌的沟通和成年人之间合作的幌子，实际上却在教师与家长之间竖起了一堵厚厚的墙。在学年刚开始时举行的家长会和开放参观日仪式，实际上是一种象征性地确定理想化的家校关系的场合，但缺少提供真诚互动和沟通的机会。

因此，学校必须研究一些适合于鼓励家长参与的过程。学校领导者需要组织一些活动，使得家长与教师之间更方便、更自然地展开积极的沟通。

教师应当支持这些活动，更加重视学生因此而体会到的益处。

虽然许许多多难以沟通的家长看起来根本不关心子女的教育，但不要忘记仍有很多来自不同背景的家长关注他们的子女在学校接受的教育。他们真正支持学校做出的种种举措，并且能够认识到他们在子女的成长过程中所扮演的重要角色。学校教职员工必须意识到，正是学生家长的不同背景，才使得我们有必要让他们意识到参与学生教育过程的重要性。在许多学校，我们公开谈到“多样化”或“多元文化”的必要性。然而，根据我们的观察，大多数学校中主流文化仍然占据着至高无上的位置。有心的学校校长和教师必须意识到，家长的参与、其扮演的特定角色以及发挥的特殊作用，在不同文化中有着不同的表现。想一想许多亚裔移民家长的感受，由于文化差异，大部分家长把与教师的沟通视为“检验他们是否合格”的标准。这种情况下，对他们略显冷漠的态度反而成了尊重的姿态。其他一些地区的文化也持有相同的观点，除非他们收到真诚的个人邀请，否则大部分美国家长将袖手旁观。这并不是因为不愿意参与，而是出于尊重学校，对于这些我们都必须有充分的认识。

愤怒的家长

大多数教育经验丰富的专家表示，还有一些家长似乎“怒不可遏”，他们可能由于许多原因而愤怒（包括本书已经提到的那些原因）。作为教育工作者，我们接受过怎样面对这种家长以及解答他们提出的问题的训练，但这些也存在问题。对怒气冲天的家长进行分析就是一个很好的例子。如果我们在与这些怒气冲天的家长打交道时，尝试了解他们为什么愤怒，然后再努力地去让他们“熄火”，其结果往往会令我们沮丧。让我们将目光放

> 与其尝试着准确地了解他们为什么对老师和学校充满愤怒，不如本着有益于学生的原则，找出办法来消除他们心头的怒火。

在消除怒火的更好方法上。史蒂芬·柯维在描述关于人际交往效果的一个重要习惯时指出，“首先要寻求理解，然后是寻求被理解”。在这一过程中，我们发现自己会更加游刃有余，并且确保我们与家长所有谈话的焦点都是为了最好地教育孩子。

在以后各章中，我们会讨论应对怒气冲天的家长的一些具体方法。现在，先听我们讲一个寓言故事：

> 在通往孟加拉国一个村庄的小道上，有一条眼镜蛇，过去常把前往寺庙祭祀的人咬伤。随着咬人事件日益频繁，人们都变得十分害怕，并且不再去那座寺庙。庙主斯瓦米知道情况后，决定亲自前去制止蛇咬人。斯瓦米来到蛇洞口，口念咒语，把蛇从洞中召唤出来，并且令其屈服。斯瓦米对蛇说，把前往寺庙祭祀的人咬伤是不对的，并且要蛇真诚地发誓再不咬人了。从此再没有过路人被蛇咬的事情了，渐渐地大家都知道，蛇不咬人了，于是都不再感到害怕。当斯瓦米再次经过那条小道，问蛇有没有违背自己的誓言时，可怜兮兮的蛇谦卑地爬到斯瓦米身边。蛇的凄惨模样让斯瓦米大吃一惊，“你在流血呢。告诉我怎么回事”。蛇的眼泪夺眶而出，它告诉斯瓦米，自从发誓不再咬人后，自己就被小孩子们打。斯瓦米说：“我只是让你不再咬人，但没有让你不再发出嘶嘶声吓人啊！”

仔细品味这则寓言故事的含义，我们就会理解愤怒是怎么回事，就会知道怎样应对愤怒。首先，让我们研究一下蛇的情绪状态。在完全压制它的怒火的过程中，它变得伤痕累累，被孩子们拖着四处游走，这就是为什么许多家长不能也不愿完全压制他们心头怒火的原因。这也是为什么作为教育者的我们，也总是不能完全压抑我们的怒火。人类的天性以及我们所学到的明智的谈判策略使我们害怕被别人牵着鼻子走，但我们都知道，对着已经怒气冲天的家长大发雷霆并没有任何好处。

接下来，让我们思索一下斯瓦米最后对蛇说的那句话，他说："我只是让你不再咬人，但没有让你不再发出嘶嘶声吓人啊。"他在解释，应当采用恰当的方法来表现你的情绪。对我们破口大骂、发泄心头之火的家长，很显然就是在"咬人"，这种行为是不恰当的，也不能被忍受。如果家长的确在恶毒地谩骂，那么我们有责任向他清楚地表明，这种行为是不可接受的。但是，那些怀疑我们并对我们的决定表示不同看法的家长，只是在发出嘶嘶声，以表达他们的情绪，我们必须清楚这其中的区别。了解了这种区别，我们还必须避免对那些嘶嘶声太过敏感。我们必须使那些"咬人"的家长，学会不再"咬人"，只是发出嘶嘶声。最后，我们还要当心真的不要再被咬伤。

对我们来说，希望家长不再对我们怒气冲天是再正常不过的事情，没有哪个人喜欢别人对自己怒气冲冲的。不管是真实的还是想象中，我们都渴望不再有家长向我们表达他们的愤怒。尽管，我们知道在现实中有些家长的确怒不可遏。这种愤怒，不管我们喜欢不喜欢，都会从家长那里表达出来。我们需要像斯瓦米那样，坚持要求家长不再"咬人"，并且承认心头的怒火确实需要发泄出来。重要的是怒火要以恰当的方式表达，并且以我们能够接受的方式表达。

第二篇，我们将阐述与家长沟通的一些重要的注意事项，第三篇和第四篇提供大量的实际做法来应对怒不可遏和难以沟通的家长。

Communicating with Parents

part 2

第二篇

与家长沟通的四个要素

建议4 建立信任关系

信任的力量是非常不可思议的，如果我们信任某人，他告诉我们的事情我们都愿意相信。同样，如果我们不信任某人，他告诉我们的事情我们很少会相信。我们与班上学生的家长之间的关系，也是如此。如果我们与他们之间建立了信任，他们大多会相信我们的判断和决定。如果他们不信任我们，就会仔细检查我们做的每一件事，好比一台高分辨率的显微镜。那么，我们怎样与家长建立这种信任关系，至少使我们不被他们怀疑呢？是否有某种方法能够使双方建立一种相互尊重的关系？在所有学校，对所有教师而言，这都是可能发生的，但肯定要为之付出努力。

越熟悉，越苛刻

学校面临的第一个挑战，就是树立积极正面的形象。遗憾的是，报纸、电台访谈节目以及许多政府官员总在做着相反的事情，部分原因是他们听到别人也在这么做。

我们还知道，人们通常会把更好的评价留给本地学校，而不是国立学校。家长到他们的子女就读的学校去参观，比去学区内的其他学校参观抱着更加积极的态度。认识到了这种心理，我们要问："要怎么与所有的'选民'建立信任关系？"

现在开始建立一段关系

要知道，每个人都希望与赢家沾边。如果你还怀疑这个观点，看一看你们当地大学的篮球队就知道了。打得最艰苦的球队最需要球迷的支持，但很少有人支持它。相反，成绩最好的球队往往会获得持续不断的支持。再比如，自从迈克尔·乔丹退役以后，芝加哥公牛队的球迷就少了许多！

了解了这种现象后，我们知道了要把自己打造成赢家。但是要如何做呢？让我们从开放参观日或返校夜活动这些基本的概念说起。什么是你们学校极力宣传的事情？你们学校的学生委员会是否有一个晚上会给每一个家庭打电话，热情地邀请他们参加返校夜活动？不管学校规模是大还是小，你可能会给学生会的学生拟出一个通知，要他们鼓励每个家庭都参加返校夜活动。设定一个目标——使每个家庭都接到邀请他们参加开放参观活动的电话。如果他们打电话时对方设置的是留言，那么留下一条消息。如果没有回话，那么再接下去打其他家庭的电话。

使用自动呼叫系统可以更容易地做到这一点，但这是否实现了与个人邀请相同的效果？也许面对全校师生，自动呼叫是必要的。但在班级层面，更个人化的方式可能会更合适。

把以学校的名义变成以一个教师的名义来邀请家长参加，你可以以个人的名义打电话邀请每一个学生的家长。如果你所在的年级学生很多，那你可以找一些家长或学生来充当志愿者发出邀请。我们知道这是一件繁杂的工作，但这样做，能够收获到令人惊奇的回报。

除此之外，教室之间可以举行一次比赛，看看哪些教室来的家长最多。换句话说，如果一间教室有30个学生，其中18个学生至少来一位家长参加返校夜活动，那么出席率是60%。无论学生的家长来了几位，名义上仍然算作一位。这样，第二天校长或家长志愿者将为胜出的教师提供甜甜圈。如果你无力组织全校范围的活动，那可以在年级、小组或系之间举行比赛。你先把他们召集起来，怎样做就是下一步的事情了。

我们要了解到，不管20人还是100人参加开放参观日活动，学校需要让参与活动的家长感觉自己与众不同。暂且不要把重点放在那些没有出席活动的家长身上，相反，我们要确保参加活动的每个人，都对他们的出席拥有美好的感觉，确保你热烈地欢迎出席的每一个人。如果家长对你留下了美好的第一印象，那么这将有助于缓和将来可能出现的矛盾。

更为重要的是，如果他们对你留下了极差的第一印象，将很难消弥未来可能出现的矛盾。学校每一学年在开学初举行一次开放参观日活动，会有助于建立学校与家长之间的信任关系。在我们需要一段关系之前，建立一段关系是重要的。

> 在我们要告知家长坏消息之前，彼此留下一个美好的印象是学校与家长建立信任的关键。

在下一章我们提出了进行正面沟通的一些方法和点子。值得注意的是，想象在某天的某个时候，我们不得不向家长们转告一些坏消息，那么或许这些正面沟通的方法会有助于我们更有效地向家长通知坏消息。学校与家长之间建立积极的互动，并努力为他们留下美好印象，这些都有助于问题和矛盾的解决。

在一次开放参观日活动中，我还采用了一个既简单又有效的方法。当校长面对满满一礼堂家长的时候，假设我是校长，我会告诉家长："随时可以打电话给我，无论我在学校还是在家里。"随后，我会告诉他们电话号码就在电话号码簿中，如果他们想立刻记下来，那就是555-8493。我这样说的时候，台下的家长们全都一脸惊愕的表情。如果你是在场的一位家长，你会产生什么样的感觉？

我第一次在开放参观日活动这样做时，一位同事问我，怎么能够鼓励家长打家里的电话。我是这么回答的："很少有不讲道理的家长给你们家打电话，能打电话给你的都是通情达理的家长。"然而，这种方法使礼堂里的每一位家长觉得有人在关注他们，也特别重视他们的孩子。多年后，一些家长告诉我，他们一直都记得那件事。当然，另一个好处就是，许多教师也仿效我的做法，我发现一些教师将私人的电话号码写在了教室黑板上。如果你是学校里唯一这样做的教师，这就在你和其他教师之间建立了一个积极的差异，这对于培养与家长之间的关系大有帮助。

或许你现在正在想，会不会经常有家长的电话打到家里呢？放心，通常晚上不会接到很多电话。事实上，我接到的电话是非常少的。许多家长告诉我："我本来想给你家里打电话。我知道你曾对我们说任何时候都可以，但我猜有那么多家长要打电话，因此我就不在晚上打扰你了。"他们为我着想，但实际上，我也拥有自己的个人生活。利用这种方式，每一位教师都可以与家长们建立并增进信任。

主动沟通

在学校里，还有另一种方式就是在学生刚进校时打电话到每位学生家里，向学生或他们的家长做个自我介绍。你可以这样说："你好，我是卡罗琳·琼斯，是德胡安四年级的老师。我十分期待他能到我的班上，我只是想打个电话向你们介绍一下自己。"你还可以问他们有什么疑问，或者介绍一下你的个人背景。如果开放参观日活动即将举行，你可以一并向他们发出邀请。

还可以为学生和家长举行一次“欢迎返校”野餐会。你可以给他们写明信片，通知野餐的时间和地点，甚至你可以请他们各自带上碟子。以一种积极的沟通作为开始，有助于与家长们建立良好的关系。

及时传递信息

把相关的情况告诉家长，不仅在学年开始时，而且在整个学年的任何时候都有效。每个星期打电话给一位或两位学生家长，在告知相关情况的同时也分散了我们的工作量。

> 只要在10月问一问家长，学生到目前为止情况怎样，就可以使整个学年都变得顺利，并且有助于增进已经与家长建立的信任。

当某位家长在开学后的一两个星期之后担心孩子的情况时，我会把孩子的情况告诉他。说实话，当我知道孩子学习状态很好时，我特别喜欢这样做。我可能问学生，是否碰到了过去曾出现的困难，学习进展怎么样。当他/她说一切顺利时，我会打电话给家长，询问家长对孩子当前进展和未来发展的看法。其实有时候我已经知道了家长们会怎样回答，但这样做的真正目的是对孩子表达关切和重视，这样做可以产生长期持久的积极影响。由于孩子的情况确实不错，这也是一个与家长们进行正面沟通的机会。

深入社区

给社区留下美好印象也是重要的一步。有好消息要经常联系社区电视台、电台以及纸质媒体进行宣传报道，如果他们不予理睬，怎么办？那就盯紧他们。找一找学生家长中是不是有能够帮助联系媒体的，或者你的商业合作伙伴是否能够有所帮助。这些工作既可以从教师层面上开展，也可以从学校层面上开展。

另一种能够得到社区正面认同的方式是承担一些社区服务项目。你的班级可以为当地的疗养院服务，或者打扫公园卫生。你担任教练的运动队可以到退休人员管理中心为那里的人唱圣诞颂歌，我曾经和大学的男子篮球队员一起做过这样的事。做过之后，你会为之感到惊奇，因为这对球队而言益处多多，而且学校也与社区建立了积极的联系。当你在从事这类特定的项目时，要及时告知媒体前来报道，并将这些报道张贴在你班级的板报上，将这种积极体验与有益的宣传结合是建立信任的重要方式。

当然，我们可以选择绕开或者补充传统媒体渠道，通过使用社交媒体来宣传我们的教室和学校里发生的所有积极的事情。同时，使用社交媒体可以让我们自行把握发送给父母和社区的信息，并实时跟踪他们的回复。

着重强调做得好的那些人

> 发给家长的简报、备忘录或者任何其他形式的信函，特别要注意：持续不断地关注和强调那些做得好的人，而不是做得差的人。

许多学校定期给家长发简报。许多老师每月、每周，甚至每天给学生家长发送简报，这是一种重要的手段，可以确保以最为正面的基调介绍我们自己以及我们的工作。

当只有两位家长在篮球训练结束后没有及时去接走他们的孩子时，不要在家长群里发消息通知这两位家长。这种做法有很多缺陷，人们已经知道他们应当来接孩子，而有些人只是忘记了或者根本不管孩子。这些人要么不会看简报，要么看不懂简报，或者即使他们看了也根本不在乎。实际上，95%以上的负责任家长都会由于简报的措辞感到不快。

此外，在本次活动结束时提醒人们下次活动需要准备什么，有时候也是徒劳无功的。相反，在活动开始之前，向家长发出友好的提醒，可能效果会更加显著。这么做对于那些对消息视而不见的家长不会起什么作用，但至少我们没有对那些持积极和负责态度的家长出言不逊。

建议5 将课堂社交化

许多教师使用社交媒体作为交流工具。教师在Instagram上发布图片，通过Facebook与朋友联系，并定期在Twitter上发表他们的想法。然而，他们往往更多以普通公民的身份而不是以教师的身份这样做。事实上，一些学校甚至对教师作为学校员工是否可以使用社交媒体工具有着非常明确的政策。但是，如果允许的话，我们建议你以教师的身份使用社交媒体，与家长进行积极、广泛且有效的沟通。如果使用得当，社交媒体是一种很好的工具，方便教师与家长之间的沟通。这需要小心翼翼地去做，但是很多教师都能够有效地做到这一点，他们发现通过社交媒体沟通是一种奇妙而有效的交流方式。

社交媒体在出现之初是最尖端、最高科技的工具，现如今教师利用社交媒体与家长进行交流已十分常见。传统上，所有的学校交流，尤其是那些有家长参与的交流，都是在交流与孩子有关的信息，并且构建关于该信息的讨论。这些通过学校通讯、电子邮件、明信片等方式完成。但在当今世界，我们拥有如此多的媒体和技术，情况已经发生了变化。流行的社交媒体工具，如YouTube、Facebook、Twitter、Vine、博客和网络研讨会，使学

> 如今，与家长沟通的目的已不仅仅是信息分享。相反，这一切都是为了建立关系。这也显示了社交工具的交互本质。

校能够与家长、学生和社区成员保持实时互动对话。社交媒体是与一大群人建立关系的最简单、最实用的方式。

它也是与家长和社区分享好消息的最简单和最好用的工具。正如托德·威特克尔教授在《成长型教师》一书中所说，我们需要利用这一工具，以确保正确的学校信息得到共享。他解释说：

> 有了现在可用的工具，我们很容易就能确保关于我们的学校和学区的故事是准确的，并且聚焦于主要事件，而不是次要事件。我们分享信息的方式会对学校环境产生积极和消极的影响。作为学生和学校的故事讲述者，我们必须了解自己的角色，并有意识地计划沟通和分享我们的故事，从而展示我们对学校和整个学区的自豪感。

技术改变教学

如果你需要确信社交媒体在当今社会的广泛使用，请考虑以下几点。在60天内上传到YouTube的视频比美国全国广播公司（NBC）、美国广播公司（ABC）和哥伦比亚广播公司（CBS）在60年里制作的视频总和还要多。有多少读者知道美国国会图书馆已经将通过Twitter发送的每一条推文归档？在新闻界，这意味着超过2000亿条信息。当这本书出版时，前五大社交媒体网站拥有超过20亿的粉丝。越来越多的人抛弃了简单的手机，开始使用智能手机，81%的智能手机用户在醒来后10分钟内会查看社交媒体。我们承认，我们是有这种生活习惯的人之一。简言之，社交媒体无处不在。

在你阅读这本书的时间里，至少还有5位教师会打开或开始使用Twitter账户，优秀的教师使用Twitter来发展他们的专业和个人网络，并发布信息供其他人在方便的时候查看。简而言之，Twitter已经成为一种不可思议的交流工具，它不需要任何成本，却影响着无数人。当我们曾经是教师的时候，根本没有任何东西可以做到这一点，无论真实存在的，还是想象的。

Twitter除了是一个非常有用的工具，还是最容易掌握的社交媒体工具之一。基本上，只有几个主要问题需要考虑：

1. 无论你想说什么，都要用不超过140个字符说出来。

2. 图片可以很容易地附加到Twitter上。

3. 标签（#）后附关键词以及其他相关推文的链接。

因此，如果你还没有使用Twitter向父母或其他社区利益相关者传达信息，那么你就应该考虑开始了。

Twitter教室

不管你所教的是小学年级的学生还是中学年级的学生，Twitter都可以在你的课堂上作为宝贵的交流工具。当你读这本书的时候，全国各地的教师在放学后发Twitter短信，家长可以查看这些短信，这些短信涉及家庭作业、丰富的学习机会或重要的提醒。更进一步说，有些教师在午餐时间发Twitter，庆祝个人在课堂上取得的成绩，或者只是提供一些关于学校的积极信息。想象一下，当家长们读到如下推文时，他们的反应：

- 今天，我的学生表现得非常好。
- 我为我的学生感到骄傲！
- 教学是世界上最伟大的工作！
- 我们喜欢了解哥伦布！
- 今天每个学生都交了作业！

教师也可以指定学生发布课堂的官方Twitter。每位教师或每个班级都有一个被设置好的账户，被选中的学生可以发布图片或写推文。通过这种方式，Twitter成为班级所有成员共享的公共工具。不要忘记，如果家长知道他们的孩子可能是那个写推文或拍照片的人，他们更有可能在Twitter上关注老师或班级。

明确把社交媒体引入教学的目的

当你在考虑与家长一起使用社交媒体工具的最佳方式时，首先要确保你明白使用这些工具的目的。大多数时候，当教师真正想清楚使用社交媒体的目的时，社交媒体的效果最好。下面是一些你在使用之前需要考虑的事情：

- 你与父母关系的现状是什么？关于你的学校，家长和社区成员已经说了些什么？你需要采取哪些步骤来建立信任和社区意识？

- 一旦建立起信任和社区，就很容易让家长支持筹款活动、志愿参加学校活动或成为家委会的成员。

- 与家长建立起了牢固的关系，你可以得到家长核心圈子的承诺，在Facebook和Twitter上评论和分享学校信息。

- 在学校和家长团体的所有电子邮件和讲义中添加Facebook和Twitter链接，以促进更广泛的参与。

- 为大型活动制定社交媒体计划，比如学校嘉年华、筹款活动、学术活动、家庭大扫除日和会员活动。你希望家长社区分享什么信息？你希望他们采取什么行动？通过Facebook帖子和Twitter消息，与父母和社区核心圈子分享这一信息。

• 在你的学校或课堂网站上添加Facebook“点赞”和“在Twitter上关注我们”的按钮。

这样做的主要原因是建立一个由家长、教师和志愿者组成的广泛的社区，这些人都愿意参与并支持学校。记住，如果家长很少使用或从未使用过你使用的社交媒体工具，一旦他们意识到Twitter上的内容可能是他们自己的孩子发布的或涉及他们的孩子，他们很快就会使用。举个例子，没有什么比想到自己可能会以某种方式被推荐更能让人们使用Twitter、Facebook或Instagram了！

在你的在线社区（例如，在Facebook和Twitter上），倾听家长并与他们互动，建立融洽和信任，这样他们就会留下来，并邀请他们的朋友，一起为你的学校采取积极的行动！

正确使用社交媒体，对自己的言论负责

我们曾经听到过一些关于社交媒体的警示性故事，但这些故事通常涉及不当使用这些社交媒体和/或违反学校政策的教师，但这些情况都是完全可以避免的。虽然我们不想纠结于负面影响，但看看这些例子：

• 2015年，佛罗里达州的一位家长发现了她孩子所在小学的教师在Facebook上的讨论，其中一名教师称一名学生为“猩猩和人类之间的进化联系”。另一位教师回应说，这句话让她笑出声来。

• 2014年，新泽西州一名一年级教师在Facebook上写道，她感觉自己像一个“监狱长”，并将学生称为“未来的罪犯”，随后被停职。

• 同样是在2014年，宾夕法尼亚州的一名教师被停职，原因是她在博客上谈论自己的学生，称他们是“无所事事、懒惰的牢骚者”。

虽然我们需要意识到消极使用的后果，但我们不必害怕这些后果。另一个需要注意的问题是，社交媒体工具上的隐私设置并非完全万无一失。人们常常忘记，无意中看到他们的社交媒体帖子是多么容易。有些人对此感到紧张，但我们再次表示，对发布内容做出正确判断可以消除这种担忧。即使你希望你与学生家长的社交媒体交流保持在你定义的社区群体内，只要你有良好的判断力，其他人是否看到也无关紧要。你们当中那些使用社交媒体作为与学生家长沟通工具的人已经知道，没有什么好害怕的。它花费的时间很少，却能带来巨大的回报！

几个实例

虽然有很多不同的社交媒体工具可以供教师和家长使用，但在本章结束时，我们将介绍Pinterest、Twitter和Facebook的一些实际用途，因为这些都是使用最广泛和易于通过智能手机访问的。

Pinterest

作为一个视觉社交媒体工具，Pinterest完全是关于图片的。用户把照片"钉"在他们的"图板"上，以便其他有类似兴趣的用户可以看到它们并从中学习。它本质上是一个思想和想法聚集的地方。

教师可以把学生参与课堂活动或实地考察旅行的照片钉在上面。他们可以上传讲课的照片，这样学生和家长就可以在家复习功课了。他们可以贴出以前只能通过复印纸和墨水交流的信息便条的图片。基本上，如果你能看到它，你就能钉住它！

Twitter

由于推文限制在140个字符以内，Twitter是发布简短、具体评论或指示的绝佳工具。此外，请记住，可以设置你的Twitter账户，以便只有获得批准的关注者才能查看你的推文。然而，你仍然应该以一种你不介意全世界看到的方式来写它们。Twitter可以非常容易并有效地用于：

1. 分享一天中发生的教育新闻和事件；
2. 发布即将举行的活动或学校时间表变更的提醒；
3. 分享来自实地考察或学校活动的信息。

教师可以私下使用Twitter，直接向担心孩子在校表现的家长发推文，让他们知道孩子白天的表现。在过去，这需要打电话，并希望家长有时间接听。对于那些有行为计划的孩子，在计划中加入Twitter可以让孩子知道家长和教师在同一个频道上，并定期进行交流。

Facebook

既然有这么多人在使用Facebook，你可以用它来发布信息，让广大家长可以随时看到你提供的信息。你可以发布关于家庭作业的信息，阐明新政策，或解释学生如何完成作业。家长也可以给你发私人信息，询问有关家庭作业的问题或要求见面。那些在面对面交流时可能会感到不自在的家长，他们在使用Facebook时可能会轻松得多。

> 家长比以往任何时候都要忙，他们的生活也比过去复杂得多。与他们交流的传统方法越来越失去效力。

Facebook不仅为你提供了一种与家长分享课堂消息和信息的便捷方式，还提供了一些易于使用的隐私设置。例如，你可以为班级创建一个私人家长群，并且只与学生的家长共享信息。通过使用隐私设置，外部用户无法访问这些信息。

我们仍然非常重视通过电话、电子邮件或明信片交流。事实上，优秀教师增加而不是减少了他们对这些交流工具的使用。不过，社交媒体为我们打开了许多方便之门。正如大多数读者已经知道的那样，通过这些方式我们可以用一种前所未料的方式与人沟通、获取信息并保持联系，我们强烈建议你把这些工具运用到你的教师职业生活中去。家长们会很欣赏，而你作为一个定期和有目的地交流的教师，他们对你的理解将会有突飞猛进的变化。

建议6 与家长积极沟通——预防方法很重要

如前文所说，教育工作者面临的一个挑战就是与家长建立信任，我们常常从教师和教育管理人员那里听闻家长们不尊重教育工作者。在我们小的时候，如果放学后被留下或者挨了5板子，那回家后可能会挨10鞭子。有时候，教师们哀叹他们的话曾经很重要，但现在很少甚至根本得不到家长的支持。即使教育工作者真的不会再得到家长的支持，还是有一种方法来建立和培育信任，无论面对的是不是最难沟通的家长。

从违纪处分表到优点推荐表

我第一次成为主管纪律和督导的初中副校长时，清楚地记得，自己看着职责描述在发呆，心想我们的工作都要做些什么正面的事呢。我翻开职责描述的第一页，然后又翻到第二页，读完整个描述时，我回到座位，仍然不清楚我的工作有哪些正面的东西。

我意识到，如果只是等着事情发生，只有当学生陷入麻烦时、教师出现了问题时，尤其是家长非常生气时，我才去着手处理，那学校就没有办法正常运作，我也不可能喜欢这项工作。我领悟到，我要经常走进教室，随时在学校里露露面，这可以使我与学生、教师进行积极的沟通，有助于我与他们建立起信任。

不过，我还是没法与家长开展积极的互动，虽然我知道积极的互动关系是十分关键的。作为一名负责700多名八年级学生纪律的副校长，当我打电话告诉学生家长，他们的孩子受到了惩罚、课后留校、停学以及类似的处理时，我不得不与他们进行极为不愉快的接触。但是，如果学生每天回到家里，向家长谈论我给予的积极评价，将有助于家长对我产生好感。

我担任副校长时，意识到喜欢还是不喜欢这项工作全取决于自己。如果我只是等着事情发生，它们肯定会发生，而且主管700名八年级学生纪律的副校长面临的大部分事情往往都是负面的、不好的。于是，我决定启动一个积极的违纪处理计划。

大多数学校都有违纪处分表，在处分表上面，教师写下孩子违反纪律的行为，然后送到校长办公室。通常是副校长负责处理这些情况。然而，我觉得发送一份“另类”的处分表，也是同样重要的。这种表的格式与违纪处分表类似，只是我们把内容写在大红纸上。教师们详细记录学生表现好的方面，比如，蒂姆在数学考试中得了B+、教师们欣喜地看到米根每天灿烂的笑容，或者胡安整个星期都在帮助一位拄着拐杖的学生等。只要事实确凿，真实可靠，就适于详细记录成正面的处分表，放在我的邮箱里。

当我把这些优点推荐表从邮箱里发出时，我会把学生叫过来。起初，学生们被叫到办公室，通常会紧张、害怕，或者戒备心理很强。学生们通常会走进来，马上告诉秘书“那不是我干的”。我把学生叫到办公室时，首先会祝贺他们，告诉他们我为他们的表现感到多么骄傲，然后把教师的推荐表拿给他们看，问他们为什么会那样做。我会感谢他们使我们的学校变得更加美好。

这样做从本质上实现了我的目的：与学生建立起信任和积极的关系。但是，我还要更进一步，我会打电话给学生的家长。如果他的双亲在一起生活的话，我会打给那个有工作的。如果两人都工作，我会打给那个工作最繁忙，或者是在人数最多的工厂生产线上工作的人。让我们略微思考一下，我们需要在电话里说些什么。我们以打电话给肯尼·约翰逊的母亲为例，讲述我是如何告诉她有关优点推荐表的事情。

“您好，约翰逊太太，我是比尔·史密斯，是格罗乌中学的副校长。”你可以想象得出，谈论通常会在这个时间中断，家长会大声发出悲叹，“噢，不！发生了什么事。”

随后，我继续说下去：“约翰逊太太，很抱歉在您工作时间打扰您，但我想您也许想知道，肯尼的老师史密斯小姐刚刚跑到我这里把您的儿子大大夸奖了一番。她送过来一份优点推荐表，说昨天肯尼在他的小组中带领同学们进行科学实验，表现得非常好。我把肯尼叫到我办公室，向他表示祝贺。同时，也想要给您打电话，分享这个好消息。”

然后，谈话当然以非常友好的方式进行下去。我会让家长知道，他们的孩子就在我的办公室，他们可以随意与她/他交谈。

许多校长在学校里都发出过优点推荐表和其他类似的计划，这很好。不过，给正在上班的父母打个电话，对我来说帮助更大。有意思的是，我经常从家长那里听到这样的评论，“以前学校打来的电话，没有一点好消息”。我给成百上千的家长打电话时，都能听到这样的话。如果我只是给那些经常惹麻烦的学生家长打电话，这样的评论很正常，因为这样的家长从来没有主动与学校里的任何人进行过积极的联系。

尽管这一点让我觉得十分悲哀，但它的确帮助我认识到一些事情。首先，我终于理解了为什么人们相信报纸上对学校和教师的批评。其次，我还能够领会为什么人们接受他们在电台电话访谈节目中听到的对美国教育工作者和学校的胡乱批评。因为他们从来没有从学校那里得到积极的反馈，他们对学校充满厌恶和抵触情绪。因此，我们不断地主动与父母进行积极的沟通，是至关重要的。

你也许会问自己：“为什么要特地选择打电话给正在上班的家长呢”或者“这相当不错，但它与跟家长建立信任有什么联系吗”。好，让我们揭示这两个问题的答案。

我打电话给正在上班的家长是出于一个非常自私的原因，它涉及宣传的问题。当我打电话给约翰逊太太时，她最初的反应是大声哀叹。但后来呢？请猜一猜，在那样嘈杂的办公室中，当她挂断电话时，她第一件事会做什么？她会告诉办公室里的每一个人！我并不认识他们，但我不介意人们在公众场合说我和我们学校的好话。我还知道，办公室里还有许多其他的家长，他们也许正在想他们小孩的学校从来没有向家长报告过好消息。能够树立你和你们学校良好声誉的任何事情，无疑有助于家长以更加积极的眼光看待你和学校，而你与家长的关系也会得到极大的改善。

除此之外，在这整个过程中，还有其他一些隐蔽的好处。如果我过去曾与家长主动进行过积极沟通，那么如果将来必须打电话给那位家长，在告诉一些不太好的消息之前，积极沟通的作用就会显现出来。让我们假设几星期后，我必须打电话给约翰逊太太，通知她关于她儿子的纪律问题。

“您好，约翰逊太太，我是比尔·史密斯，是格罗乌中学的副校长。”

约翰逊太太会这样回答：“您好，一切都好吧？”

首先，我会因约翰逊太太友好的回答感到震惊，我原来以为她没有理解我的苦衷呢。我继续说下去：“约翰逊太太，很抱歉在您上班时打扰您，但今天肯尼违反了一点纪律（和别人打架，被送到办公室等），他将受到一定的处罚（课后留校、停学等）。”

随后，约翰逊太太也许会对我说难听的话，但事实上，她说：“那没关系，我知道你是公正的，你曾打电话告诉我好消息，现在也可以打电话告诉我坏消息。只要你愿意，任何时候你都可以打电话给我。”

我很快认识到，电话告知家长好消息并非多余的工作。有了这些铺垫，后面的工作开展起来容易多了。我已经与家长建立了良好的关系，它可以产生极大的积极影响。我的工作开始变得不那么难以忍受。不过，打电话给家长告知好消息还有更多对我个人有利的益处，它还使我对自己的工作感觉更好，在与家长沟通时更为自信。

有意思的是，家长们对这种方式的反应十分积极，以至于当地的报纸和电视台对优点推荐计划进行了大规模的宣传，这使得我们学校和我本人在社区居民和家长眼中的形象大为提升。

担任了两年的副校长后，我成了校长。我们学校的所有员工都决定每个星期打一次电话给家长，告诉一些好消息。当我们在全体教职员工大会上第一次讨论这个计划时，几乎没有人曾经这样做过。于是，我们知道由于过去忽视了积极的方面，我们与家长之间的沟通都是负面的，而且我们也十分肯定，绝大部分教师都害怕家长。由于大部分时间家长联系我们都是为了某些负面的事情，于是我们渐渐变得犹豫不决，甚至不愿意与家长接触，特别是第一次与学生的父母和家人接触。

不论你相信与否，其实我们真的不知道怎样表扬人，我们不知道在打电话给家长报告好消息时说些什么。那么，让我们首先来看一看表扬都要包含哪些方面。

表扬起作用的五个原则

教育工作者面临的一个挑战就是学会表扬人。这似乎有点可笑，但通常教师会花全部精力来关注学生做的错事，指出学习中的错误，帮助学生改正错误的行为。这的确是教育工作者工作的一部分，但作为学校领导者，要寻求一些机会来发现人们做得好的事情。对大多数教师来说，要真正理解表扬并且能够每天运用它并不容易。

本·比斯尔曾描述了使表扬发挥作用的五个原则。他觉得，为了使表扬能够具有可能的最大积极效果，这五个原则是重要的要素。比斯尔博士指出，有效表扬的特征是真实、具体、及时、巧妙和保密。让我们将这五个原则运用到与家长建立信任的具体实践中。

真实意味着我们表扬学生的确是因为他们做了一些好事，这些事情是实实在在的，这是很重要的。因为真实的事情永远不会令人感到疲倦。有些人宣称他们不会过多地表扬别人，是因为他们觉得那样会失去可信度，或者表扬过多将会显得不太可信。要防止这种现象的出现，方法就是确保表扬总是真实的。如果你的表扬的确有所指，任何人对此都会永远欢迎。真诚表扬并不是什么惊天动地或者巨大的成就，相反，唯一的要求就是真实。

> 作为教育者，我们有很多机会发现学生的优点，记住它们，写下来，然后对它们特别关注，与学生家长共同分享，所有这些都将成为建立积极沟通的关键所在。

有效表扬的第二个原则是具体。我们公开表扬的学生的某些行为将会变成他们的习惯。如果我们的表扬对学生的积极努力具有针对性，那我们就可以帮助他们确定具体的前进方向。例如，你也许感谢学生在班上起到的优秀表率作用，表扬他们主动帮助有困难的学生。具体的表扬还使你能够以一种真诚的方式支持某位学生。如果你运用具体的表扬，你可以认可你班上甚至学校里的所有人，即使是那些学习不好的学生也可以得到表扬。你绝不可以说谎话，说他们是你班上最聪明的学生，或者表扬他们在某次考试中取得了最好的成绩，而事实并非如此。你不必这样做，你可以发现这类学生的确做得好的那些方面，并且通过向他们的家长提出表扬而认可他们。

第三个原则是及时。这意味着要及时认可学生的积极努力和所做的贡献。对于最棘手的学生，尤其要及时给予表扬。我们意识到，在我们不得不向家长打电话告知坏消息之前，进行一次积极的沟通是十分关键的。因此，当班上的确有一些可能惹上麻烦的学生时，只要他们做了一些可以得到表扬的事，我们马上打电话告诉他的父母，来一次正面沟通。这样做可以使我们以后与父母就不太好的事情沟通时，不会太惊慌失措和心情低落。

即使是第一次给家长打电话进行自我介绍，表达你很期待成为学生本学年的老师，这种方式也有利于将来奠定良好的信任基础。我们将在本章的后两部分讨论一些传统的方法。

表扬的第四个原则是巧妙。给予有效表扬，这对一个教育者来说是个很大的挑战。要做到巧妙的表扬，更是一种极大的挑战。巧妙的含义包括很多方面：

其一，如果你为了使学生或家长将来能够做某件事而进行表扬，那就不是巧妙的表扬。换句话说，你表扬一个学生是因为他的确做了某些事情，而不仅仅是因为你希望他将来做一些不同的事情。同时，定期提醒自己注意这一点，因为如果你不提醒自己，你也许会因为觉得它“并没有什么效果”而不会继续表扬下去。

> 例如，有个平时表现不太积极的学生在一次实验中表现优秀，因此你打电话给他家长并表扬了他，但没过几天，那个学生却对你表现出不礼貌。不要觉得这两件事情是相关联的，有时候，我们对学生不太好的表现态度是非常主观的。尽管我们的目的是让他们取得更好的成绩，我们也必须知道，他们的情绪通常与他们的感觉联系紧密，而与他们对我们的感觉联系不大。

巧妙表扬的第二个要求，无论对于校长还是教师，都是一个极大的挑战。表扬时尽量不用“但是”这个词，如我们这样表扬一名学生，“比利昨天在数学小考上表现很好，但是他的科普作业做得很糟”。这样，我们的表扬对象很可能只记住了“但是”之后的内容，这分明是一种批评。他记住你的表扬的可能性是极小的。如果我们真的决定表扬某个学生，那么重要的是把这两件事情分开。如果我们表扬完了，话也说完了，“比利昨天在数学小考上表现不错”，那么对这位学生而言，也许就是一个真诚的、具体的、及时的、积极的、鼓励的事件（并且有助于我们与家长建立良好互动关系）。这个评论的另一部分“他的科普作业做得一团糟”，可能不需要直接表达出来。尝试将两件事情放在一起，表扬的价值就会降低，甚至完全消失。

> 打电话给学生家长，不仅有助于培养与他们之间的良好关系，而且也是支持学生行为的一种秘密和个人的方式。

表扬的第五个原则是保密。比斯尔博士认为，大多数表扬需要秘密进行，我赞成这种观点。

如何向家长报告好消息

当你在做一件不熟悉，甚至感到不适应的事情时，将它的细节写下来，这将非常有助于你树立做好这件事的信心。我会把自己想说的话，以及其他的话题写下来，带在身上以防谈话时冷场。只要自己决心打那个电话了，它就给我巨大的信心来拨对方的号码。如果你过去不曾主动与家长进行正面沟通，尤其需要这样做。

我在打电话给家长时，无论内容是好消息还是坏消息，总是先把要说的话写下来。我还与学校里的教师们分享这种方法，特别是与新来的教员。每个人都可以结合最适合自己的方法，但开个好头可以大大帮助我们培育自己的技能。每次我打电话与家长交流，我都会这样说："您好，约翰逊太太，我是汤姆·沃尔克，史密斯高中的副校长。很抱歉打扰您的工作，但……"

本书的第四篇讨论如何传达坏消息，现在让我们继续研究适合于与家长进行正面沟通的语言。

作为一个校长，当我收到一份优点推荐表时，我会这样给家长打电话："您好，约翰逊太太，我是汤姆·沃尔克，史密斯高中的副校长。很抱歉打扰您的工作，但我只是想让您知道，马丁小姐也就是肯尼的数学老师刚刚来过我这里，表扬了您的儿子。她说，肯尼昨天的数学小考得了B+的好成绩。您的儿子为这次考试做了艰苦的准备工作，她为此感到自豪。"随后，我继续告诉约翰逊太太，我刚刚找个机会把肯尼叫到我的办公室，向他表示了祝贺，并且让他知道，我对他的刻苦学习极为赞赏。结束电话交谈时，我通常会跟家长说，很抱歉打扰了她或他的工作，但我只是想让她/他知道，马丁老师对肯尼给予了肯定的评价。

对于教师，我们推荐采用一种类似的方法。教师打电话给家长说："您好，约翰逊太太，我是卡伦·马丁，肯尼的班主任老师。很抱歉打扰您的工作，但我只是想让您知道，您的儿子在今天上午的科学实验中起了很好的带头作用。作为组长，他组织严密，我非常欣赏他的努力。我在写给他的便条中，告诉他'我为你的表现感到骄傲'。我不想过多地打扰您的工作，但我想要您知道，他在今天上午的实验中表现出色，祝您工作顺利。"

> 不要去特别在乎你传递信息的内容，只要你开个好头，然后就专注在你和家长的沟通程度，以及谈话技巧。

主动进行积极沟通的强大力量可以在第二天我们见到学生时，从他们那里感受到。他们会激动地告诉我们，他们的父母大大地赞扬了他们一番。

永远不要低估与家长正面沟通的价值。我在第一年的9月打电话给家长，告诉他们好消息。第二年的4月再打电话，他们仍然记得上次通话。对他们来说，那个电话意义重大，即使4月的电话是在说他们的孩子受到了学校的惩罚。

寄明信片给家长

除了打电话，你还可以采用类似的方法，就是向家长们寄明信片或写信，告诉家长他们的孩子在学校里很出色地完成了一件事情，许多学校定期这样做。我们寄给家长的明信片上，四周是打印的图案，上面还写了一些话，比如"太棒了""非常不错""干得好"或者"就该这样"。在地址栏上，写着我们学校的名称和座右铭。教员则在明信片上写下对某位学生的正面评价。这些正面评价我们是按照上面提到的五个原则来写的。

我们会向学生家长寄出明信片或信。这种方法不仅仅肯定了学生的优秀表现，而且增进了与所有家长的联系。对于有些没装电话的家庭，这种方法更加适合。

我记得，当我们第一次向家长寄明信片时，我也怀疑初中的孩子们是否对这类东西感兴趣。我永远不会忘记，在有些学生毕业多年以后，我到他们家里去走访，他们把我们寄出的每一张明信片仍然贴在家里的电冰箱上。此时，我内心完全认同了这种做法的价值。想想看，他们每次从冰箱里拿出牛奶的时候，都在感激你和你的学校。

作为教师，如果你是学校里唯一这样做的人，你也许不得不使用特殊的明信片，或者在电脑上制作一个只供自己使用的特殊文字印刷的信笺。作为校长，你就可以将这种明信片打印数百张，并且定期分配给学校里的每一位员工（厨师、管理员、校车司机、教师和其他员工）。如果你可以让办公室文员或者家长志愿者来寄出这些明信片，以减轻教师的负担，那就更好了。教师和员工只需要填写好明信片，交到校办公室，然后由志愿者寄出去。

> 永远不要低估主动进行正面沟通的价值，尽管这种方法我们不太熟悉或者我们曾经试过一段时间，但后来放弃了。不过，要想与家长建立信任，就一定要这样做。

要经常提醒自己打电话向家长通报好消息，或者向他们寄出明信片，这么做对任何人来说都是一个挑战。我们总是专注在最重要的事情上，那么这件事就是你要专注的。在备课本或日历上写下来，通常也是一种有效的方法。每周二，我会在日历上写下来，要打两个这样的电话。每周五再向家长们寄一批表扬明信片。当然，这种方法不仅仅有助于培养与学生及家长的良好关系，而且也使我感觉良好！

利用好每一次机会

花点时间使自己在家长心中留下美好印象，给自己带来声誉，这是多么美妙的事！在这上面耗费的时间和精力，将会为你带来比这多得多的回报，使你的教学工作更好开展，而且感到更加快乐。教师每天都拥有这样的影响力，只是有时我们会忽略我们的职业是多么重要和有价值。

建议7 倾听与理解

最近教育专家在对教育领导者进行的调查中发现，人际交往是他们乐于接受更多培训的一个重要方面。不论我们是学校管理者或是教师，每个人似乎都渐渐意识到正面沟通的力量。当我们与单个或几个难以沟通的家长接触时，这种力量的强大就显现出来了。即使是在传递坏消息或者是纠正学生行为时，优秀教师也能做到积极沟通。

正面沟通产生巨大作用的标志，正是教育工作者能否与最难以沟通的家长进行有效的交往。如果我们以有效的方式开展这种沟通，它通常会产生巨大的力量，赢得最难以沟通的家长的支持和理解，我们也能够在以前让我们难堪的场面上游刃有余。要想实现这一点，教育工作者需要理解这种关系不会自动形成。难以沟通的家长不会仅仅因为我们的想法而成为我们的同盟者或者支持者，良好关系是需要我们精心培育的。

我们再一次提到史蒂芬·柯维一再强调的“要首先寻求理解，然后是被理解”。当我们倾听他们的烦恼，尽可能地了解他们对孩子前途的期望时，我们就在逐渐培养与家长之间的积极关系。

倾听、理解和培育关系是沟通技能的核心，太多的教育工作者们把与家长的沟通当成只有出现了问题才做的事情。也许事实的确就是如此，作为教育者，我们太忙了。当学生的情况都很好时，要花时间与家长保持沟通，这似乎是难以想象的事情。但是，优秀的教师知道，这正是我们应当开展沟通的时机，它有助于我们与家长们培育良好的关系。

保持沟通频率

最优秀、最高效的教育工作者是那些始终如一地与所有利益相关者进行定期沟通的人。他们不仅做到定期沟通，而且是以前瞻的方式进行沟通。他们明白，如果沟通只是作为对某一问题的反应或者回答来进行，是没有效果的。情况不太妙时要沟通，一切都顺利时也要进行沟通。然而，那些缺乏效率的教育者，把他们的沟通时间都花在对犯错学生的批评和说教上。这些人在情况一切正常的时候似乎消失了，只有在有人干了错事的时候才再次出现。这种做法，对于已经是难以沟通的家长或者已经是十分难堪的场面，其影响是极具破坏性的。

> 许多教育工作者繁忙的业务工作也是使得他们进行这种被动沟通的原因。如果我们想要与家长和学校其他的利益相关者进行定期和稳定的沟通，需要提前进行。

如果教师只是在孩子们考试失败或者违反纪律时才告知家长，那么家长很快开始害怕听到来自他们的消息。家长害怕收到教师的通知，家长在电话的那一头听到坏消息时，手会不自觉地抖动，这些都会极大地降低家长对我们的信任。

我们之所以进入教育这个行当，是想为孩子的人生带来积极的改观。我们设想，你也会有同样的感觉。难道我们不希望，家长从我们这里获得关于孩子的消息时感到兴奋吗？在前面章节中我们讨论了使这种兴奋成为可能的一些具体方法，如果我们想与家长培养良好的关系，使用这些方法是至关重要的。

备受尊重、最为高效的教育者会采用各种不同的沟通形式，定期向所有利益相关者，特别是家长提供情况报告，他们向家长报告好消息的次数与报告坏消息的次数大致相当。他们会使用更加正式的手段，比如定期简报或者班级网页来与家长沟通；他们也会使用更为随意的手段，比如自发地打电话或者在走廊与家长谈话。尽管，当坏事发生，或者学生把什么事弄砸了，这些教育工作者会毫不犹豫地进行说明，但他们会用正面沟通来平衡，其结果往往是增进了与家长的关系。

因而，与家长建立和维护这种健康的关系，对于任何学校的成功都极为重要。这种良好关系来自所有家长的参与和鼓励，良好的关系不会出现在那些疏远家长或者只在问题出现时才与家长沟通的学校里。以下3个简单原因可以说明为什么这种健康的关系在创建和谐的家校关系时如此重要。

- 家长和社区积极参与的学校往往能赢得更好的声誉；
- 家长的持续参与有助于改善家长、教师和管理人员之间的沟通和关系；
- 当家长与学校人员密切合作时，学生在学校会更成功。

这3个原因中都曾出现一个主题：合作。因此，如果我们不尽自己所能与家长合作，教育就毫无意义。本书的这一部分表明，沟通是建立合作关系的关键所在。

> 教育是一项极为艰难的工作，如果我们试图在不与别人建立合作的、支持的关系时，单打独斗完成任务，这样教育会变得十分艰辛。

我们很高兴您在这里

我们要在能力范围之内，竭尽所能让家长们觉得在学校是受欢迎的，这是很关键的。许多学校都会抓住机会，立即在学校里这样开展。我们来看一个例子，现在大多数学校都有的规定，限制参观者入内。通常是锁上大门，或者要求参观者在校办公室内先登记，然后才可以进校。尽管这些措施如今被视为必要的，但这种措施背后的心态，我们必须努力克服。我们应该以更加友好和善意的方式实现当前许多学校制定这些政策所要实现的目的。

尽管这种政策在学校里已经成为普遍现象，但宣告和执行它们的方法却大为不同。有些学校的门上悬挂的告示牌是这样写的："止步！所有参观者必须在校办公室登记后方可入内。"这些告示的形状和颜色看起来与停车标志很像。再来看看下面的这个例子是否更有效。"欢迎来我校参观！我们对您的光临感到十分高兴！我们请所有参观者先在校办公室登记，然后入内。"哪一种告示更友好？哪种告示更让你感觉到受欢迎？

也许有人争辩说，第一个例子中使用强制性的语言是必须的。没有那种强制性，人们根本不会理睬。但是，我们坚持认为，那些忽略"欢迎来我校参观！我们对您的光临感到十分高兴！我们请所有参观者先在校办公室登记，然后入内"其中内涵的人，同样也有可能忽略强制性告示中的含义。同时，使用强制性语言，我们会有意无意地使这些配合学校工作的家长感到在学校不受欢迎。不管告示怎样说，人们都要先去办公室登记。另外，从安全性的角度看，如果有人进入校内的目的是伤害别人，那么他们不会止步于登记办公室。从这方面来说，办公室的存在并不能使学校更安全。但这么做的确能创造一种安全感，消除一些家长的紧张情绪。

我们要考虑的另一点就是负面告示会对那些很少来学校参观的家长产生影响。由于我们每天都在学校，而且我们理解并且经常会看到学校里发生的事，因此对我们来说，门上张贴的不友好告示似乎没什么大不了的。许多教师可能甚至不会注意到这些告示，而那些一年冒险到学校一次或两次的家长，却受到这些告示的很大影响，这一点不可忘记。

我们在这里所说的那种欢迎问候，不限于在进入学校时欢迎参观者的告示。学校入口和通道的整个环境都需要考虑进去，在明亮和整洁的入口通道处张贴欢迎告示，将会比在黑暗和肮脏的入口通道处挂着同样热烈的告示更令家长感到受欢迎。

尽管我们相信，整个学校都应当精心装饰，但校园的入口通道变得引人注意更为重要。完成这一任务的一个非常好的方法就是让家长参与进来，让他们感到自己做了些什么。这样一来，不仅仅校园入口通道保持了整洁和热情洋溢的氛围，而且你要欢迎的人也融入了这种氛围之中。

学校的安全的确是教师和家长都真正关心的事情。为了让学校更加安全、孩子们更加安全，我们实施这样的制度是明智的。但是，在实施过程中，我们必须知道：学校可以做到既安全又友好。欢迎告示可以按照表明安全重要性的方式来写，也可以包含一些指示校办公室方位的指路牌，并让参观者感觉到真的受到了欢迎。

赞美文化传统、职业、爱好和才能是对家长说“很高兴你来这里”的另一种表达方式。我们总是有很多机会把家长请到学校来，参与经验交流分享会甚至是庆祝假日等方式，这些活动不仅为你的学生提供了丰富的学习机会，而且是在向家长表明，你十分希望向他们学习，这种方式有助于培养与家长之间的良好关系。

在合适的地点和时间交谈

我们都有自己的舒适空间。这些舒适空间也许是校园内的某个地点，一张最喜欢坐的椅子或是一种最喜欢的坐姿。不管怎样，我们每个人都有一个我们希望在那里与家长交谈的地方。在交谈中，我们都有一些使自己感到舒适的言谈举止。有时候，我们没能意识到，我们的舒适空间通常与我们准备面谈的家长的舒适空间大相径庭。在家长会之前安排好一个房间，以便我们能够感到舒服和在控制之下，而这会使家长感到非常不舒服。这毫无疑问会使那些难以沟通的家长变得好辩论，或许还变得更加难以沟通。

所有谈话都会有合适的时间和地点。虽然教师和学校设计这些场合是为了满足每个人的舒适和交流需求，但在很多情况下，看起来是教师在掌控一切，而家长是来访者。教室的布置方式传达了这种感觉。

当教师邀请家长来参加家长会时，教师坐在他们的办公椅上，而让家长挤在学生的课桌椅上。教师们通常不会注意家长们的不舒服，小学低年级的教师尤其如此。比方说，与会的罗德里格斯夫人坐在她6岁儿子的课桌椅上，比起坐在你所坐的适合成人坐的椅子上，感觉相当不舒服。有些家长甚至在来到我们学校之前就对学校没什么好感，为什么我们还要有意地强化他们的这种反感呢？

还有其他方法可以使家长会更具吸引力和舒适性，许多优秀的教师经常这样做。它们的范围从舒适的座位安排到提供的茶点，但重要的是，关注我们给来访者带来的感觉。我们发现，只要像客人来你家时那样，你就可以让家长会更具吸引力。你永远不会邀请客人到你家，然后让他们比你更不舒服。在家长会这样的专业环境中，似乎一些教师创造的环境让家长处于不利位置：家长挤坐在狭窄的学生座位上，教师一直站在讲台上，从讲台这样的权力位置进行居高临下的交流。

同样，我们需要注意与家长临时会面时的环境。有时，我们在公共场所遇到家长，他们开始问我们有关学校的问题或关于他们孩子的个人问题。这些让教师措手不及的情况，可能会让人不安，但我们有更好的应对方法。在这些情况下，明智的做法是倾听，礼貌地要求家长安排一次与你见面的时间。你可以，也应该善意地告诉家长，你很高兴能和他们谈论他们孩子的进步。你可以继续指出你不想在公共场合谈论隐私话题，如果你面前有成绩和材料，你可以说得更具体。

所有的谈话都有时间和地点。作为教师，我们应该始终充满信心，我们应该创造出友好和平等的环境，这样才能进行一场良好、诚实和舒适的对话。

倾听是交流的基础

小时候，父母在我们的房间里挂着一条谚语，它蕴含的意义久久留在我心里。谚语的内容是：

> 一只聪明的老猫头鹰住在橡树上，它看到的越多，说得就越少；它说得越少，听到的就越多。我们为什么不能像那只老猫头鹰一样呢？

谚语中的劝告对我大有帮助，特别是与难以沟通的家长进行交流时。大多数时候我们认为自己的主要目的是解决问题，但我们错了。我们认为，当担忧孩子的愤怒家长来找我们时，是需要我们解决他的问题。但有时候，一个心烦意乱的人只需要被倾听。我们不能让解决问题的天性导致我们在任何时候都试图提供解决方案，我们必须记住聪明的老猫头鹰是怎么做的，这样我们都会受益。

当我们花时间真正倾听别人时，我们可以理解很多东西。如果我们理解了，那么我们就能够与他们培育积极的关系。这种与家长之间的积极关系，将比恶劣关系更有助于我们实现自己的目标。我们必须倾听、理解和培育，这将是与难以沟通的父母进行交往的必备基础。

SOOTHING THE SAVAGE BEAST

part 3

第三篇

如何与难相处的家长交流

建议8 主动联系家长

我们面临的一个挑战是，当我们不得不拿起电话，开始与家长交谈时，却发现我们提出的建议不被孩子的家长接受。可能你会想，“为什么要通过电话交流？发电子邮件容易多了”。

你是对的，发电子邮件更容易，但这可能并不是一个很好的选择。在你发出这封电子邮件时，你已经交出了主动权，这意味着收到电子邮件的人可以在他们想回复的时候回复。尤其是当你遇到令人担忧的情况或缺乏责任感的家长时，这样做会让你时刻处于焦虑状态。

发电子邮件还是打电话？

通过电子邮件进行联系可能很具诱惑力。如果你和某人有固定的联系频率，这么做可能没问题。然而，如果你和某人没有建立起牢固的关系，或者他或她是一个比较难相处的人，那么需要仔细考虑是否要通过电子邮件进行联系。如果你在这种情况下发邮件，可能会发生一些事情，而这些事情可能会带来消极的结果，本章将对此进行更详细的阐述。

第一个原因是，你可能会担心或者焦虑不安，直到收到他们的反馈。这种焦虑会一直伴随着你，因为你现在依赖于他们会如何回答，以及当他们回答时他们会说什么。第二个原因是，他们可能会等到最紧张的时候才做出反应。他们有机会询问别人来确定自己该说什么，该怎么说，什么时候说，等等。如果他们是积极支持孩子的家长，那这么做没问题。如果他们不是这样的家长，拖得越久，我们越会处于防御姿态。第三个原因是，现在他们有了一个“永久”的书面记录，他们可以剪切、粘贴，随心所欲地分享，在社交媒体上发布，搜索错字或拼写错误，等等。普通的、积极的、有爱心的家长不会把它用于这些目的，但这不是我们最担心的。如果你真的想与他们交流一些问题，拿起电话打过去，没有永久的记录，没有过多的思考。而且，你可以掌握结束通话的主动权！

电子邮件炸弹

接下来要做的就是如何回应那些不断向你发送要求、抱怨或问题邮件的家长。这尤其适用于感觉到骚扰或无法抗拒的情况。请记住，当匿名人士使用社交媒体时，他们会觉得自己被赋予了极大的权力，可以说一些他们永远不会当面说的可怕的话。有些人可能会觉得当他们在电脑或手机的按键上打字时，就穿上了隐形的斗篷，记住这一点，并拿走隐形斗篷。如果他们通过电子邮件进行消极的沟通，等你准备好了再打电话给他们。这种更多的个人互动可能会让他们觉得他们并没有那么大的权力。他们希望通过电子邮件获得一种“匿名”的感觉，所以确保你不会继续以他们选择的交流方式进行回复。

少说多做

不要威胁学生说你会打电话给他们的父母。如果你告诉学生你要打电话给他们的父母，最难应付的学生回家后会告诉他们的父母：“那个总是挑剔我的老师可能会打电话给你。我不知道为什么，但她说她要给每个人的父母打电话。反正没有人喜欢她！”你可能会遇到这样的情况：家长可能会指责你，或者至少对你告诉他们的事情有一点厌倦。

你可能认为，家长可以看穿这一点。然而，如果你让学生提前将此信息传达给家长，可能会让家长产生怀疑。忘记一件事所需的时间是学习一件事所需时间的八倍。如果学生先到家，在听过自己孩子的陈述后，家长可能很难再相信你了，即使你说的话是公正且正确的。他们应该相信，但可能很难相信。

如果你让学生当着你的面给家长打电话，即使你站在那里听，这同样适用。如果学生说出了全部真相，这自然很好。然而，如果学生说“妈妈，我在课堂上说得太多了，我有麻烦了。很多其他的孩子也在这样做，但我是那个惹上麻烦的人。如果你想和她谈谈，老师在这里”，并且把电话递给你，你可能不得不花费更多的时间去安抚家长的情绪。

相反，在学生在场的时候给家长打电话，告诉他们实际发生的事情，然后说：“史密斯夫人，凯文就在这里，如果你想和他谈谈的话。”家长们现在知道，他们和他们的孩子从你那里听到了完全相同的故事，他们中的任何一方都很难否认这一事实。

> 如果可能的话，最好通过电话进行第一次联系。电话是我们最好的朋友，除非它响了。

我们应该先给谁打电话？

有时候，我们可能会觉得我们的班级失控了。可能是某一特定的学生群体不守规矩，可能是我们太疲劳或压力大的时候，或者更有可能是综合了这些因素。我们很多人都有过这种感觉。

现在，试着客观地退一步，看看你班上的学生名册。选择班上最好的学生，问问自己他或她是否失控了，答案很可能是否定的。然后选择第二好的学生，他或她是不是失控了？继续看你的班级座位表。让我们假设你的班上5个学生失去了控制。好吧，显然这是个问题，因为我们的教室里只有四个角！让我们想象一下，我们尝试了所有的方法，最后我们决定打电话给家长，我们应该给几位家长打电话？

你可能会认为是5个，因为有5个难以应付的学生。你可能会认为是25个，因为你想给这25个学生的家长打电话。你可能认为是10个，因为你想给这5个难以应付的学生的家长和5个表现良好的学生的家长都打电话。无论你认为是多少个，都没有正确或错误的答案。不过，我们希望你能再考虑一下。

如果你班上有5个难以应付的学生，其中一个缺席了，那天的课是什么样的？这可能感觉像是一个奇迹。即使这个缺席的学生更像是5个学生中的追随者而不是领导者，这种动态也可能会发生巨大的改变和改善。记住这一点，你可以考虑这样做。

如果你班上有5个难以应付的学生，我们的目标是设法把5个减少到4个，然后从4个到3个，然后是3个到2个，依此类推。一下子从5变到0的可能性很小。永远记住那天5个人中有一个缺席时你的课堂是什么样子的。

如果我们联系了所有5个学生的家长，但没有达到改变学生行为的预期效果，那么这5个学生就有可能联合起来对抗我们，我们不希望这种情况发生。我们给出的建议是最好只给一位家长打电话。尽管我们可能会打电话给其中起带头作用的家长，但最好是打电话给最能影响他或她的孩子的家长。请记住，我们的目标是从5个减少到4个。当该学生意识到你联系了他或她的父母时，可能会立即与其他几个学生联系，发现你没有联系其他家长。然后他或她会有不一样的感觉，更有可能在行为上有所改善。如果你想利用与家长联系来改善学生的行为，确保你总是有一个策略是必要的。

愤怒情绪的顶峰

我们可能在等待一个时机打电话或联系家长。我们希望这个时机到来，也希望这个时机不要很快到来。当我们这样做的时候，我们通常会担心和烦恼。在我们犹豫不决的过程中，学生已经到家了，他们可能已经向家长诉说了自己的委屈，然后愤怒的家长主动给我们打电话。这个时候我们该怎么办？

让我们还原事情的发展过程。我们拖延时间，等到家长在他们最愤怒的时候联系我们。这时的他们最容易心烦意乱，发泄怒火。他们的情绪正处于一触即发的巅峰时刻，这是他们一天当中最沮丧和最自信的时刻。即使在一天的早些时候，你并不确定你要对他们说什么，你可能没有做到最好，但是他们也没有。想想你在猝不及防收到家长打来的质问电话时的感觉，想想那时的你是如何应对这种情况的，相信你会做出更好的选择。这么做的另一个好处是，帮助你与可能反复无常或难相处的父母进行更健康、更有成效的对话。

作为发起者，你可以在你准备好时联系他们，而不是在他们准备好时。同样，如果你用电子邮件发送坏消息，家长可以在他们“情绪准备就绪的顶峰时刻”做出回应！

哭泣是一种武器

没有人会在没有奖励的情况下重复某个行为。在后面的章节中，我们讨论了面对家长表示自己的孩子从不对自己撒谎时，应该怎么办。沿着这条思路，我们想要描述当我们发起联系或者即使我们不是发起者也要注意的行为。作为一名教师，当你分享坏消息时，有的学生家长可能会开始哭泣。要明白，有些成年人和孩子一样会把哭泣当作武器。

第一次发生这种情况时，你可能会措手不及，你天生的关心和保护的本能会开始发挥作用。你帮他们擤鼻涕、擦眼泪，甚至帮他们重新涂睫毛膏，这完全没问题。但是，下次你和他们在一起的时候，你需要记住他们是爱哭的人。有同情心和善解人意的人都是很好的人，这没什么错。但有时，一些家长这样做了，出于内疚，你不会把坏消息告诉他们。

就像我们提到的，当第一次面对这种情况时，你不能过度安慰哭泣的家长。给他们纸巾等都是很好的事情，但是为了确保他们不把哭泣当作武器，你要逐渐戒除你的反应。第二次和他们在一起时，拿出一盒纸巾，但不要对他们的哭泣做出反应。如果他们没有哭，你就用同样的关心和专业的语气，但不要回应他们的眼泪。

如果你再和他们见面，把面巾纸放在离他们稍远的地方，他们可以自己拿，但他们必须起身拿回来。如果你经常和他们见面，最终你甚至会发现他们不得不用自己的袖子擦眼泪。

> 当人们面对某种棘手的情况时，有时的反应可能与青涩的孩童没有差别。你不应该让这妨碍你进行专业和适当的沟通，即使你在传达他们可能不想听的消息。

没有人愿意主动与难相处的人打交道

主动与消极或反复无常的人打交道是教育者工作中最不愉快的部分之一，即使是把坏消息告诉好相处的人也不总是愉快的。不要因为你不想这么做而感到不称职，在你的学校里没有一个教育工作者想要主动联系难相处的家长。只要记住，善良的人还是会选择这么做。在想法上大家都一样，在行动上却有区别，祝你好运！

建议9 绝不让他们看到你出汗

有这样一则体香剂广告语："绝不让他们看到你出汗。"这个广告语的背景是，在竞争激烈的商业世界中，出汗是失败的典型标志。如果在商业谈判中，你的对手看到你正在流汗，那么在某种程度上说他们已经赢了你，你就只有等着他们向你摊牌了。这样的场景不仅在电视广告中有，并且同样在多部电影里反复出现。自信的"牛人"从不流汗，那些流汗的人往往被描述为软弱、惊慌、说谎，以及处于崩溃边缘的人。主角艾伯特·布鲁克斯在成功地成为新闻播音员之前，也经常出汗。作为一名男主持人，他的压力非常大，这种压力和与难以沟通的家长打交道的压力极为相像。

尽管面对难以沟通的家长会让我们感到紧张或焦虑，但重要的是，绝不要让他们看到你流汗。一旦你的身体语言表明你已经失去信心，那么挑衅性强的家长对你的攻击可能越来越明显，这种攻击会使你惊慌失措，并不利于事情的解决。

> 只要你表现出自信和自我肯定，即使是最难以沟通的家长对你发的冲天怒火，也会被你一一化解。

如果你的确有一点点紧张，怎么做呢？你怎样防止自己出汗（既是指真正出汗，也暗喻内心紧张）？如果难以沟通的家长冲你大发雷霆，真的令你感到吃惊或感到紧张，怎么办？了解一些简单的方法，你会发现运用这些技巧将真正帮助你掩饰这些情绪，并表现出自信和控制力。

压低你的声音

回想一下自己紧张的时候，那种紧张可能会在你音调里得到显现。如果你非常紧张，你的声音会颤抖。大量压抑的怒火会让我们的声音不时地颤抖，好像再次回到青春期一样。当我们的声音变大时，这种音调就更加明显。因此，为了掩盖颤抖的声音，我们需要压低说话的音量。如果你压低了声音，这种颤抖就会变得很难以觉察。

压低声音还有另一个好处。我常与一些经验丰富的教师谈论如何使一群不守规矩的学生安静下来，有的教师会说："我压低声音，小到令所有学生安静下来才能听到的地步。"其他教师通常也会有同感，他们这么做也会获得同样的结果。很多教师认为这是使大声吵闹的孩子们安静下来的最佳办法之一。在很多时候，如果大声说话的人有机会与那些小声说话的人比一下，他们就会意识到自己听起来是多么可笑。

因此，如果一位怒气冲天的家长突然来到我的教室或办公室大吼大叫或者用格外高的声音与我说话，我会用最小的声音欢迎她/他。很多时候，由于我没有想到那位家长会找来，我也许有一点点不自信。我经常用较低的音调与别人交谈是出于两个我的重要的目的：

第一，它掩盖了紧张、颤抖的声音。否则，那些怒气冲冲的家长就占了先机。

第二，它可以用来压低对方的声音，因为我的轻声细语正好凸显了她/他的声音有多么高。

增加你的身体动作

紧张、缺乏自信的人的另一个标志就是无法控制自己的身体动作，如不停摆动膝盖或颤抖双手。虽然那些怒气冲冲的家长很少让我紧张到那个程度，但有几次他们确实让我紧张至极。这可能也发生在你的身上，取决于你所面对的家长以及你对冲突的容忍程度。

告诉自己不要紧张，并且停止颤抖，否则，基本上只会使问题更严重。因此，我会增加其他身体动作，使得那些无法控制的动作变得不太明显。增加身体动作使家长看起来好像我很忙，正在处理很多事情。当倾听家长说话时，我会把桌子上的东西收起来，或者在桌子后面走几步，紧握双手，好像我正在思考一件重要的事情。如果当时这些动作不合时宜，我可能草草写下一张便条或者轻轻敲打铅笔。如果这些动作表现得过于极端，也许显得粗鲁无礼或漠不关心，但我总是觉得这比自己紧张得在那里摆动膝盖或者双手不住地颤抖要好一些。记住，这时的目的就是绝不能让他们看出你很紧张。

与压低声音的效果一样，增加自己的身体动作也有一个额外的好处。通常我的身体动作会使家长变得紧张或不安，尽管我不是有意的，但这可能扭转与难以沟通的家长之间的不利局面，并且令他们也紧张起来。当我在房间里走来走去时，家长会关注我的动作，此时我可以获得一些自信。反过来，自信的提升使我渐渐地停止走动。这时就好像我坐在了大办公桌后的大椅子上，重新获得交谈的主动权。

缩短身体距离

想一想你曾遇到过的一位让你头疼的学生。当他发脾气吼叫，横冲直撞的时候，我猜想，每个人都会害怕得后退几步，这是一种很自然的反应，而且这也是对方希望你表现出来的反应。当你与一位怒发冲冠、举止就像我们之前描述的那样的家长接触时，可以考虑的另一种方法就是缩小你与他的距离，大胆地走近他几步。

显然，我们不会建议你缩小差距到冒犯对方的程度，这样的行为攻击性极强。我们所说的缩短距离应该是轻微且缓慢的，在你们说话的时候，这很容易做到。如果保持眼神交流，那效果更好。只要确保你不退缩，哪怕只是对方轻微地后退，都有助于减少他们的愤怒，这对交谈进行下去大有裨益。

用眼神传递信息

防止难对付的家长发现你紧张的第4种方法，就是让自己直接盯着他的眼睛。尽管一开始很难，尤其是你对他的到来感到吃惊时。但是，直接盯着别人的眼睛，可以使你获得自信。更多时候，这种方法可以立刻使你变被动为主动，并且掌握整个谈话。前面我们叙述过，大多数难以沟通的家长当他们还是学生时都有过负面的经历。他们在学校里可能经常被欺负，我们往往一开始忽略了这一点。意识到这一点，我们不必摇旗呐喊，我们需要控制住局面，我们需要理解眼神对视对这些家长意味着什么，它的作用是什么。

他们的愤怒其实是为了保护他们的孩子，过去的经历使这些家长内心总有挥之不去的受学校挫伤的潜意识，他们就是带着这样的“自信”来到学校的。如果你采用正确的方法的话，这种自信可以迅速地让步于紧张和理解，直接盯着别人的眼睛看就是其中的一种方法。

> 看着愤怒的家长的眼睛，我们可以传递一定程度的理解，这往往会缓和他们的心头之怒。

我们还可以向家长表明，我们对他们告知的事情感到吃惊。用我们的眼神完成这种交流，有助于家长察觉到某些含义。比如说，眼神可以告诉他们“你的举止非同寻常，出乎意料”，这甚至还可使愤怒的家长稍稍冷静下来。起码，直接盯着家长的眼睛表明你正在倾听。正如我们所知，这通常是难以沟通的家长希望我们做的唯一的事情。

这4种方法似乎只是我们在难以应付的场面中玩的心理游戏，但它们真的不仅仅是这样。它们是已被证明的策略，通常可以防止你表现出紧张或软弱。记住，所有这些策略都旨在为了学生着想，进而改进我们与家长的关系。带着问题来到学校的家长，如果遇到一位紧张、不安的教师和校长，也许不会对他们孩子在学校里获得坚强、自信的教育感到有信心。然而，我们是教育者，不是训练有素的谈判专家。运用一些策略来显示我们的自信，这么做有什么不好呢。

我们只要考虑一点，我们与所有家长建立良好关系的目的只有一个：为了所有的孩子都获得成功。因此，我们不必担心是否显得过于强悍或者过于自信，我们唯一需要关注的是是否与家长继续进行积极的、有成效的谈话。气冲冲地来到学校的难以沟通的家长不是我们愿意与之进行合理的、有成效交谈的家长。如果我们运用精心设计的方法来使家长平静下来，以便“回到正题”，那么我们就肯定是在朝我们的目标前进。也就是说，为了孩子的利益，应当与家长建立良好的、建设性的关系。

最后，想一想学校里其他人会怎样看你，这些方法可以为你带来额外的好处。因为教师在孩子生活中扮演着重要的角色，我们应该始终表现出自信和控制力。我们永远不必急着表现出知道全部答案的样子，但重要的是学生、同事、家长，以及与学校相关的所有人必须感受到教师对自己的能力有信心。有些家长听信了失真的事实，闯入教室，对教师进行指责和威胁，这实际上是不可避免的。但是，不要让家长感受到我们正在害怕和不安，这对于我们处理好人际关系是至关重要的。

你在学校里的想法、见解是什么真的并不重要。其他家长发现这个情况以后可能变得非常生气，而且会想，在你这里，暴怒与威胁可以达到目的。吱吱作响的轮子不应该总是上机油，不仅不能让难缠的家长看到你的紧张，还不能让其他家长也看到你紧张，这也很重要。

> 如果难相处的家长能够威胁到你，你不仅有可能失去周围人的尊重，而且会屈服于那些家长，并且答应他们无理要求的可能性也会增长。

不论你在学校里担任什么职务，本章中讨论的方法和行为都很有效。虽然我在担任校长时比我在教书时更多地运用它们，但这主要是由于我在当校长时遇到更多难缠的家长。我确信大多数读者也会同意，教师也同样会遇到那些未提前通知就闯入教室的难缠家长。即使教师是正确的，是家长误会了学校，但当家长在教室里暴跳如雷、高声吵嚷时，教师往往变得很紧张。记住在本章中描述的方法，它们不会自动使教师能够与那样的家长进行心平气和的交谈，但它们会朝着这个目标迈出重要一步，它们还会使你不至于让家长们察觉到你的紧张。正如电影和电视曾经告诉我们的那样，这是成功的一半。

建议10 如果家长是正确的，怎么办

学校管理者遇到的最难以应付的问题就是家长打电话抱怨某位教师行为不当，经过调查证实家长的反映是对的。这样的场景不一定是对教师严重不端行为的控诉，也许只是小事，比如算错了分数或者错误地指派了学生的任务。这种情况的困难之处不在于教师已经犯了的错误，关键是你必须既支持了你的教师还要让他懂得家长的投诉对学校是有益处的。

从教师的角度来看，这种局面同样有一个难题。当家长打电话或者突然造访教室，提出他们对问题的理解时，他们常常遗漏了某些事实，他们的这些理解通常是受到错误思想指引的。不过有时候，家长的确是对的。有时候家长头脑中对学校的偏见真的就在你们眼前被证实了，这时候，教育工作者该做什么？

> 在与难以沟通的家长接触时，你永远不要想着自己始终是正确的，永远不要认为（即使有那么一点点）你的领导才能或者从事教育的资历可以向他们证明他们的想法是错误的。这个时候不要想着输赢，应当以达成共识为目标，以一种双方都认可的方式来实现共同理解。

校长遇到的问题可能与教师遇到的问题范围不同，但对这些家长做出回应的方法却是极为相似的。尽管这听上去十分简单，甚至有点老生常谈，但诚实总是最佳策略。

因此，不论是追溯到我当教师的时候，还是我担任校长的

时候，我总是提醒自己注意这样的事实：我们与难以沟通的家长之间的互动，总是以尽量求得双方相互理解为目标。更为重要的是，我真的希望我们能够以一致的方式实现目标并希望将来不会出现难堪的局面。家长是正确的，这很好。我会迅速指出，我十分感谢家长能够发现这些问题，并且向他们表明我会以某种方法尽快纠正任何错误的做法。处理这些问题的关键在于，感谢家长能够使我注意到这些错误的存在，并且很快让他们知道，这些错误完全出自无心。因此，在我接手的所有案例中，我都会明确地赞扬家长提出问题时合理的态度，即使有时候他们根本不是以这样的方式提出来的。

试卷打分错了

所有教师判卷时，不论他们使用电子打分或者是手工打分，都有可能出现打分错误，一旦学生把打分错误的试卷拿回家，那么家长有可能会来到班上，要求纠正错误的打分。正如我们此前讨论的那样，重要的是不让愤怒的家长察觉到你的紧张。你可以运用上一章中介绍的一些方法把家长迎进办公室，表示理解他们的感受，并且采用类似于这样的说法："哎呀，琼斯夫人，你看起来很生气。请进来吧，让我来帮你解决这个问题。"然后，让他们解释出了什么错。这时候，你已经向家长表明你没有在辩护，你没有否认他们也许是正确的。而且，你已经微妙地指出，家长的举止不像你那样理智。

接下来看一看家长质疑的分数，并确定是否真的出现了打分错误。这么做显得更加明智和审慎。假如真的是打分错误，你应当感谢家长指出来，并且迅速纠正，最后这样评价："我们学校真的需要更多像您这样细心的家长。感谢您指出这个错误，使我能够纠正它。您的合作态度正是我们需要的，因为我们都是为了孩子好。”这样做，你既没有丧失尊严，又向家长表明你是普通人，所以会犯一些错误。而且，你也在告诉他们，错误是可以解决的，发现错误并改正是令人高兴的事情。

“对不起”似乎最难说出口

当家长站在有理的一边时，有一步你必须走，即道歉。如果家长对你曾犯的错误真的很生气，你应当道歉。不论是你的错，还是针对其他教师的投诉，你都应当道歉。表示歉意，尤其是在其他教师犯了错误的情况下表示歉意，你不一定为此背上愧疚感或者为该错误做出补偿，你不必因为其他教师已经做了家长说的错事而心怀歉意。你只是因为家长认为那一事件确实发生，而且她/他对此感到生气而道歉。如果是你犯了错，在谈话结束时，一定要再次道歉。在下一章里，我们将对道歉的重要性做更深入的探讨。

> 当家长意识到你已经为自己所犯的错误道了歉时，你会惊奇地发现，家长们真的开始原谅你。如果你拒绝道歉，并认为你或者学校里的其他人完全可以犯一些错，那么许多家长会开始努力证明你到底犯了多大的错。

有时候，首先认错很重要

如果你或者你的下属犯了错误，导致家长十分生气并且打电话投诉，那么你要先给家长打电话。尽管我们最初都害怕这样做并担心我们会受到严厉的斥责，但这种暂时的不快可以为以后省下许多麻烦。在发生不愉快的时候，主动总是一个好主意。如果你已经知道某位家长很生气，在家长找你之前主动联系他们，他们的很大一部分怒气会消散。相反，如果我们不正视现实，寄希望于家长不会打电话投诉，那么十有八九，家长会因为我们的不承认而变得更加恼火。

我清楚地记得几年前发生的一件事情。当时我很忙（与我平常一样），我在回家的路上，顺道从干洗店把我的衣服取回家。我把车开到干洗店附近的停车场，关上车门，去取我的衣服。店员十分有礼貌地打招呼，把我的衣服递给我，收了我付的钱，并且祝我心情愉快。我抓起衣服，匆忙往家里赶。一到家，我就把衣服放进壁橱，这时我发现我的一件衬衫不见了。我马上想到，“这个蠢家伙店员！他怎么能把我的衬衫落下呢？我打赌他肯定记得我已经付了这件衬衫的钱！”

正当我拿起电话准备投诉时，我注意到电话留言机上的红灯亮了，这表明我收到了一则留言。我按下“收听”键，惊奇地听到里面传来这样的声音：“您好，我是克劳恩干洗店的员工詹森。十分抱歉，我刚刚忘记给您拿一件您已经付过干洗费的衬衫。这是我的错，没有任何借口，但我们今天实在太忙，我一定是把它与别人送来干洗的衣物放在一块了。给您添麻烦了，同时也十分感激您光临本店，我们经理授权我下次为您免费干洗五件衬衫，您可以在方便时取回您的衣服，再次向您真诚道歉。”你知道我在听到这则留言后做何感想吗？我觉得自己一开始的想法实在很愚蠢。想一想，如果詹森没有打电话给我，这件事情的结果可能完全不同，我也许会立刻打电话给他，并痛骂他一顿（即便这种方式我事后会感到后悔和羞愧）。或许他还会辩解，如果那样，结果就更糟糕了。他会使我大发雷霆，最后同样承诺再给我免费干洗五件衬衫。而我呢，事后肯定会为自己的做法感到羞愧。总之，如果是那样，我和詹森一整天都会不愉快。但是，由于他主动承认了这个小小的错误，事情的结局就非常圆满了。

当我们与家长交流时，同样也可以运用此办法。有时候，我们的确会犯错。有时候，家长也会很生气，尤其是那些难缠的家长。在这种情况下，试图辩解并坚持我没有做错并无半点好处。反之，当我们诚恳地承认自己的错误，主动向家长表达我们的歉意时，家长通常愿意给我们纠正错误的机会。

建议11 道歉是最佳的解决方法

有一句老话说得好，“道歉是最佳的解决方法”。许多情况下，这句老话是正确的，在与难以沟通的家长打交道过程中，它也是最适用、最有效的方法。我们发现，在任何难堪的局面中，最佳的调解方法就是道歉，许多教育工作者都这样做。值得注意的是，我们要特别注意我们的措词，这点很关键，它既能使我们平息别人的怒火，同时又不失尊严。对于大多数人而言，要说“我错了……”总是很难，尤其当事实并非如此时，要我们承认自己错了，难上加难。但是，有一种方式十分有效，尤其是面对不好相处的家长，让我们来看看这种方式。

发生了这种事，我很抱歉

这类话能够适用于多种情形，无论是教师与学生、教师与教师，还是教育管理人员与教师之间发生争论，或者是涉及家长的任何棘手的局面，都可以应用它，效果令人惊奇。能够真诚地说一句“发生了这种事，我很抱歉”，是全世界通用的语言。我们想象一下以下的场面：

一天晚上，你接到一位很生气的家长打来的电话，那位家长愤怒地说，他的儿子大卫在走廊里（或者下课时在更衣室里）被别人捉弄，但没有任何人对此负责。当你请那位家长把事情说得更具体一点时，他总是不断地告诉你一些细节，说是其他几个男生把大卫推到墙边，并且威胁他、骂他。

显然，你对那件事情所掌握的情况不如这位家长。然而，你可以使用表示歉意的措词。

“史密斯夫人，发生这种事，我很抱歉。感谢您打电话给我，让我了解此事，我保证明天会仔细调查，并向大卫询问更具体的细节，同时我还会查清楚参与此事的其他男生，但发生这种事情，我真的很抱歉。”

现在，我们深入分析一下你所说的话。你并没有凭想象断定该事件究竟是谁的错，但你仍然向家长表示，发生了这种事情，你很抱歉。你也许现在正在想“我并不因为那件事的发生而感到愧疚，那是一个谎言”。如果你加上这句话，对方当然不会感受到你的歉意。面对粗鲁无礼、令人不快的家长，我表面上说“发生这种事，我真的很抱歉”，然而，在我的内心，我会加上“要不然，我就不会现在与你谈论此事了”。

而且说实在的，不论发生了什么，现在你都必须花更多时间与愤怒的家长打交道，难道你真的不为此感到难过吗？从这个角度讲，我心里会舒服些，也使我帮助他们意识到，我是站在他们的立场上看问题，同时又保留了我的尊严。在表达歉意时，要确保自己带有一种同情的语调和态度来道歉，这点十分必要。

> 因为在任何情形下，如果我们语气中不经意地流露出粗鲁、傲慢、不耐烦或者讥讽，那么这种消极的方式将是火上浇油。

在与家长进行面对面交流时，同样也可运用这种方式。如果家长闯到你的办公室或教室，控诉与他们孩子有关的某件事情，你首先要向他们表明，你对事情的发生感到抱歉，这句话很有用。同样，对于一位保护下属的校长，这也是一种行之有效的方式。你没有责怪你的下属，也没有为他

> 要使家长们冷静下来听你说话，这样有利于问题的解决。即使是你主动与家长沟通，也同样可以采用这一方法。

们辩护，但你对事情的发生表示真诚的歉意。如果我不得不打电话告诉家长，他们的孩子在一次考试中作弊，并将受到留校查看的处分，不论是哪种情形，我真的对这件事情的发生感到抱歉。因为，不论他们的性情有多差，也必会为这样事情的发生感到难过。同时，在任何类型的谈判中，找到双方的共性是解决问题的重要一步。

先倾听，再解决问题

> 通常，即便是愤怒至极的家长也希望别人先听他们说话，其次才谈解决问题。

我们应该尽可能理解这些家长，也许在他们生活的环境中，很少有人听他们说话，他们的工作或许缺少与别人分享体会和感受的机会。老实说，绝大多数难相处的家长，他们的孩子通常也不怎么听他们的话。因此，如果我们可以站在他们的立场，从他的角度看问题，让家长体会到我们对他们的理解，也许能够很快地帮助他们冷静下来，进而建构彼此的信任之桥，有益于将来进一步的交流。

向别人承认“发生这种事，我很抱歉”，可以帮助我们实现许多目标。这种做法既适合于通情达理的家长，也适合于那些难缠的家长。在许多情形中训练这种做法，有助于教师应对那些最棘手、难以应付的场面。

建议12 永远不要试图辩解

我们最喜欢的一句格言是：教育工作者永远不要试图辩解，也永远不要咄咄逼人。如果我们是真正有爱心的人，那么无论是作为教师、校长，还是教导处主任，在与家长打交道时，我们永远不要试图辩解。或许我们会觉得难堪、不舒服、受到威胁，但我们绝不能辩解。如果我们的出发点都是为了孩子，那么绝不能出现这种辩解。如果真觉得非辩解不可，可能是由于我们或者是我们试图支持的人做了什么错事。如果错了，我们为自己犯的错误而道歉，然后努力改正，这才是至关重要的。在本章中，我们讨论“家长错，而我们对”的情形。首先，让我们看几个例子。

> 将双方的情绪联系起来，有助于我们纠正错误，而不至于到必须为我们的行为进行辩护的地步。

没有意义的规则

我们确信，你无法借助规则来控制任何人的行为。很多人都知道生活中的规则是什么，但试图借助规则来控制不恰当的行为，通常是没有意义的。这有点类似于在学校的男厕所贴上“禁止吸烟”的警示牌，他们都知道吸烟是不被允许的，可是一些学生仍要违反此禁令，这有点像商店里“扒窃行为将被起诉”的告示。同理，那些想要扒窃的人都知道扒窃是违法的，这就是为什么他们在行窃时要确保不被人发现。

在教学中，有时候我们也在做同样的事情。我们试图潜藏在规则的后面，我自己也做过让我感到内疚的类似事情。至今我仍记得，我做七年级数学教师的第一年。开始时，我不想管那些迟交作业、忘带作业的学生，我也不想批改那些晚交的作业。于是我决定制定一条纪律，如果谁没有交作业，我会直接给他打零分。那条纪律很有用，对我的工作帮助很大。半个学期里，这条纪律都执行得很好，绝大多数同学都会按时交作业。但是，值得注意的是，那些忘记交作业的学生，自身责任感就不强。在现实中，这些学生也不会参加毕业考试，所以零分对他们来说无所谓。

我还可以为这条纪律找到合理的解释，有时我在想，我教学生是在履行责任。我布置了一些不太重要的作业，学生们如果忘记带或者没有做，对分数影响不大。就在那时，发生了一件事情，我们班上表现最好的一个女生，一个高度负责、成绩最优秀的学生，忘记了带上那一学年最重要的作业。那门课的作业的确很重要，它足以影响到她的季度评分，甚至影响到她的学期评分。但是，事情已经发生了！她为了上课不迟到（她还是上学最准时，从不迟到的学生），匆忙之中把作业忘在储物柜里了，甚至更糟的是，她的储物柜就在教室门外。

我可以保证，如果我给她作业打零分，她的家长肯定会十分焦虑地给我打电话，那时我可能会感到无从辩解、没办法解释。原因何在？因为这条纪律从一开始就十分可笑。因为某些原因，这位学生违反了这条纪律，对她造成的影响，远远大于那些经常不交作业的学生。当我开始意识到自己无从辩解时，我知道我必须修改那条纪律，并且为那些由于这条错的纪律而受到影响的学生重新修正分数。

这是一个用心去教育学生的例子，但我想这也是教育教师们富有同情心最好的教材。

不能从没有意义的东西中找出意义

另一个实例发生在我担任大学篮球队教练的第一年。圣诞节的那个星期我们一直在进行训练。记得圣诞节翌日的那次训练，有两名队员没到，他们没有向我请假，逃了一堂训练课。当时，我的做法普通得不能再普通了，我让所有队员都比平时多跑了十圈，以此惩罚他们两人。这种方法即使放在今天，也有许多教练采用。这种办法旨在使那些参加了训练仍受到惩罚的队员，用他们的愤怒情绪惩罚那两个队员。这种伙伴之间的压力，促使缺席者改变他们的行为。

你猜结果会怎样？大多数人都知道，这种方法存在着缺陷。尽管我很幸运，没有接到家长的投诉，但我仍然意识到这种做法愚蠢至极。我这样做的唯一理由就是其他教练也这样做。我从这里吸取的另一个教训就是，如果你听说有人要逃训练课，你最好也跟他一起逃！

同样的事情在教室里也经常发生。就因为两个学生在说话，就要求所有学生罚站5分钟，这没有任何意义。

> 因为少数学生行为不当而惩罚甚至严厉训斥整个班级，对建立与学生或与家长之间的信任几乎毫无帮助。

时刻反思自己的教学方法，对这些不恰当的方法保持敏感，可以使教育工作者避免产生强烈的要辩护的感觉，或者至少将这种感觉最小化。只要了解我们的情绪，并且将它们联系起来，有助于我们合理地引导学生的行为，并且提出合理的期望。

为什么不早点告诉我

当我们未能将重要的信息传达给家长时，我们就会产生这种要辩护的感觉。对于所有的教育工作者都一样，如果我们在错误累积之后才来处理，情况则更为严重。如果我们较早介入，可能心理负担较少，减少自我辩护感的产生。为防止我们的辩护感“喷涌而出”，请看以下的例子：

作为校长，如果一位教师定期把学生送到办公室来，并且写一张便条：“这是吉米在最近两周之内第5次没有带铅笔进教室。”我们最初也许会支持这位教师的做法，于是决定惩罚那位学生，打电话给家长，告知我们的处罚。如果我们打电话给家长，并且告诉她吉米会受到课后留校的处罚，因为他已经有5次不带铅笔进教室了，那么我们可能会听到他母亲这样说：“为什么不早点儿告诉我？”

作为校长，我们产生自我辩护的感觉是因为我们意识到那位母亲是对的。对所有教育工作者而言，我们采用的单凭经验的方法，也同样适用于更为正式的教育领导者角色。也就是说，当自我辩护感产生时，也许是由于我们或我们学校的某个人做了一些错事。在这个案例中，教师的做法是不恰当的，因此当我们试图支持她时，我们想要自我辩护，来使自己做的事情看起来是对的。

要求并希望教师在把学生送到校办公室之前，先与学生家长进行沟通是比较合适的指导原则。要意识到，有些教师并没有定期与家长沟通，为这些教师提供良好的示范是十分有益的。要向教师解释，教师主动打电话给家长会更有效，因为这表明学校在主动请求家长的协助，而不是一开始就谈到学生的处罚问题。打电话时，教师可以这样说：

“约翰逊夫人，我想冒昧地请问您是否可以帮我一些忙？上个星期，吉米已经有3次没有带铅笔上课了。我不太确定您是否知情，但我请求您协助我，以免吉米在班上落后，或者受到学校的处罚。您能不能跟他谈一谈，并且确定他每次都带上了必备的文具？我们将十分感激您的配合。”

如果与家长的第一次电话联系是以请求协助的形式进行，而且是在他们的子女陷入“麻烦”之前，那么几乎没有哪位家长会拒绝配合，这是一种有助于建立良好关系的沟通方式。如果一些家长不遵守承诺，没有及时提醒他们的孩子，那么校办公室就会介入。这时教育管理者不会产生自我辩护感，而家长可能会想要争辩。一旦这种期望被建立起来，违纪行为将大大减少。

这种情况同样适合于所有班主任教师。如果你与家长的第一次沟通是通过打电话请求他们协助的方式进行，也许我们可以避免家长质问我们，为什么没有事先告诉他们。这样，我们也没有必要为我们的行动做任何辩护了。积极主动地沟通，可以使教师与家长站在同一立场上。让我们想象这种情形，如果你告诉家长，你不希望吉米落后于其他学生，那么他的家长会希望吉米落后吗？当然不会。当你告诉家长，你不希望吉米的问题转交到校办公室去时，难道家长希望校办公室介入吗？当然不会。记住，越好斗的家长越不相信权威。在这种情形下，他们真的不想让办公室介入。因此，你与家长的关系就建立在双方互相认同的基础之上。

我们需要花些时间认真考虑我们的感受，这样有助于我们制定各种关于学生、班级和学校的纪律，也有助于我们拥有适当的期望值。理解了这些，能够极大地减少我们处于不利境地的次数，能够促使我们以更加积极的心态看待工作以及与家长的沟通。

DEALING WITH PARENTS
IN DIFFICULT SITUATIONS
part 4

第四篇

遇到棘手的问题，如何与家长沟通

建议13 如何告知家长坏消息

向家长转告坏消息是件非常难办的事。没有人希望别人心情不好，也不希望应对他们接到坏消息时的消极情绪。作为教育工作者，有些人经历过类似的事情，有些人也从别人口中听说过一些尴尬局面，这会让我们有点害怕面对这样糟糕的场面。但是，有时我们不得不与那些难相处的家长沟通或合作，而那种情形令我们更加害怕。在本章中，我们将着重描述一些有助于我们成功地应对这种场面的方法、诀窍、语言和手段。

越是坏消息，越需要我们动脑

有时候，在我们没有准备的时候，家长偶然碰到我们或打电话给我们，我们不得不传达坏消息。本章将要介绍许多技巧，在许多情况下都是适用的，包括由家长主动进行的沟通。但是，在沟通方式选择方面，主动权在我们。它可能极为困难，重要的是我们要向家长传达一些不好的消息时，进行个人之间的沟通是非常必要的。越是难以沟通的家长，我们越要付出更大的努力。

> 我们应当遵守的第一标准就是，越是坏消息，在传达时越要深思熟虑，尽量想办法。

在传达坏消息时，我们尽量不要使用正确的书面通知，这点十分关键。很多时候，我们会让学生把一些便条带回家，传达坏消息，主要是方便我们自己，或者就短期而言，这种方式更容易与家长沟通，而不必与家长进行电话交谈或者面谈。

这样做的理由主要是从教师自身考虑。如果你向一位难以沟通的家长送一张便条，你很难确定他是否会生气。如果他们真的生气，或许他们会在某一天，满脸怒色地来到你的教室或办公室。这样你的不安情绪会持续很久，比起自己主动与他们沟通，他们出乎意料打来电话或来学校更令人意外。

最后一个原因，也是我们将在本章深入讨论的原因，如果让学生把便条带回家，他们可以在你与父母沟通之前，表达他们主观的观点。即使便条采用邮寄或者装在密封的信封中由学生带回家，他们仍然有机会让父母看到便条之前先听他们解释。面对最具挑衅性的学生以及他们的家长，孩子们通常知道怎样把父母惹火。如果他们不那样做，那么这个学生也就不能称之为难以对付的学生了。

主动打电话

向家长转达坏消息，最有效和最方便的方法也许是打电话。我总是尽可能在学生有机会与父母交谈之前，先与他们的父母进行沟通。对于涉及违反纪律的情形，面对的是难以沟通的家长时更要这样。如果学生抢得先机，把他们的事情告诉了父母，那么当我们最终联系家长时，我们通常处于一种被动的局面。那时，家长已经有了自己的立场，我们能做的是不得不努力改变他们的立场。我们非常清楚，许多父母知道他们的孩子喜欢颠倒黑白。然而，本书着重讨论最难以沟通的家长和最棘手的局面。在这种情况下，我们不能相信孩子们会在家长面前实话实说。

我们必须与各种类型的家长进行沟通，因此我需要寻找一种固定的方法和模式。每次打电话时，无论是出于积极的沟通目的，还是讨论学生的违纪问题，都应当以同样的话开始。我们不希望仅仅由于我们第一次与家长沟通时使用的措辞或语调，而令家长们形成了恶劣的第一印象。因此，我们推荐教师使用一种固定的模式来打电话。

在前面的章节中，我们讨论了与家长积极沟通时可使用的措辞。如果你还记得，你会发现我们可以采用相同的方式与每一位家长打类似的电话。此外，在任何情况下，我们需要保持声调一致，始终使用轻松自信的语言。另一方面，如果我们能够借助向家长报告好消息与家长进行沟通的感觉，它将有助于我们完善与家长进行电话交谈时可使用的措辞和语调。以下是打电话向家长报告坏消息时可采用的一种措辞：

"您好，约翰逊夫人，我是汤姆·沃尔克，史密斯中学的副校长。很抱歉打扰您的工作（或者是打扰您的生活，取决于我什么时候打电话），今天，肯尼在教学楼的过道里故意绊倒了一个女生，因此学校给予他两小时课后留校的处罚。"

如果我没有在学生回家之前与他的家长沟通，我还会加上其他一些内容：

"您好，约翰逊夫人，我是汤姆·沃尔克，史密斯中学的副校长。很抱歉打扰您的工作，我不确定肯尼是否已经告诉了您，今天他在教学楼的过道里有意绊倒了一个女生，因此学校给予他两小时课后留校的处罚。"

这种做法使我能够了解学生都告诉了家长什么内容。此外，我总是试图将谈话的焦点转到未来。不管学生、家长和你就发生的事情或结果是否达成一致，我们都希望那样的事情不会再发生。第16章详细介绍了如何措辞，在向父母通报坏消息时，这些显得尤为宝贵。此外，第14章介绍了一些有助于转移谈话焦点的方法，让家长支持我们的决定。第15章提供了一些当家长认为我们处理事情不公平时的应对方法。

他从不对我们说谎

我们经常会遇到这样的家长，在听到校长或教师对他的孩子的评价与孩子之前讲述给他的有所不同时，他们会说："我的儿子/女儿从不对我们说谎。"作为教育工作者，我们不会去争辩，因为说这种话的家长也许早已做好了争辩的准备。我们不能与他们展开针锋相对的辩论，而应该让他们觉得，我们相信他们所说的话，但同时，我们也会把那个学生过去的一些不当行为摆在家长面前。

换句话说，我们暂且相信学生的确把事情的经过全都告诉了父母。这可以暂时把我们从有争议的事件上转移出来，并且使我们在谈话中占有更大的主动权。与其和家长讨论吉米今天是否真的说了谎话，不如这样回答：

"听起来你和你的儿子的关系非常亲密。他从来没有对你说过谎，这对你和他来说，都是值得称道的。史密斯夫人，当吉米告诉你上周一他由于给女生丢纸条而被老师调换了座位时，你会怎样想？"

通常，这样做可以达到两个目的。一方面，我们可以暂时将谈话的焦点转移。否则，他们会觉得，与一个对这件事情完全不知情的老师来争辩，他们很有把握赢。另一方面，我们把学生过去曾犯的错误摆在面前，家长们也不会再坚持"我儿子会把所有事情原原本本告诉我们"。如果你以一种非常专业和冷静的方式摆出学生过去所犯的错误，你通常可以使家长回到眼前的问题。假如他们的孩子没有真的把所有事情都透露给他们，那么他们也许会变得通情达理一些。

在回应父母之前，第一道防线是忽略他们的评论。他们可以一口气说出攻击的话语，他们会指责老师不公平、欺负他们的孩子、不喜欢男孩，等等。如果家长指责你不公平，你没有表现出愤怒或不安，而是继续以专业的方式进行沟通，那么家长的愤怒在很大程度上会减退。如果你做出了情绪上的回应，很可能会使家长加强他们的语气，重复进行攻击，因为他们感觉到这么做能够影响到你。这可能看起来很幼稚，因为这真的很幼稚，这些30岁的成年人又回到了青少年时期的骂人模式。当有人对他们的愤怒情绪做出反应时，他们就更有可能将愤怒进行到底。如果你的第一反应是一种专业的、自我控制的忽视，那么通常情况下，愤怒之火会逐渐偃旗息鼓。

> 与其反驳每一点，不如忽略它们，看看它们是否会消失。有时愤怒的家长说出的那些话语，他们也知道并不一定是对的，他们只是想看看这么做是否会挑起你的愤怒。

下面是另一种处理“我的孩子从不对我撒谎”场景的方法。然而，这需要你运用更多的自我控制，并且要求你不要说出任何带有讽刺的暗语。当家长表示自己的孩子从不对他们撒谎时，不要回应他们。如果他们不再提起，那么他们只是把这句话当作武器。如果他们不断重复，这时你可以温柔而善解人意地对他们说：

> 你和你的孩子拥有的是一种非常特殊的关系，这也是我希望和孩子们一起培养的一种关系。我很想听听你是如何建立起这种特殊关系的，我们班级中有很多家庭可以从你的指导中受益。在我们这个地区有一些关于育儿问题的家长研讨会，你是否介意我

把你介绍给他们，让他们与你取得联系，然后帮助我们所有人学习提高我们的教育技巧？

当你这样做的时候，你不能有一点嘲讽或傲慢的语气。如果你对自己的自我管理能力没有百分之百的把握，就不要去尝试。如果你能成功，他们就不会再向你发起攻击了。他们要么会因为被认可而感到兴奋，要么会放弃攻击。不管怎么说，他们都意识到企图通过话语点燃你情绪的这一伎俩已经被你发现了。

少谈细节

尽管有些难相处的家长（或学生）希望像律师那样辩论一番，但我们要记住，在与家长接触时，我们尽可能少谈细节。有些家长试图回避他们孩子的所作所为，而对老师的处罚吹毛求疵，对于这种家长，我们尤其要少谈细节。这个目的不容易达到，但将话题转移到将来，会有所帮助。比如，着眼于将来孩子不再犯错，你可以说："琼斯太太，你认为我们可以怎样帮助你的孩子，避免将来再犯类似错误"或者"史密斯先生，你能否今晚就与詹妮弗谈一谈，讨论一下将来面临这种情况时，她会怎样做"。

这样的语言可以帮助我们避免类似于犯罪现场调查的事件重现，通过向家长提出一些他们可以控制的事件，还有助于赋予家长权利，将家长纳入教育进程中。重要的是，这有助于我们与家长达成一致，核心思想是我们都不希望这样的事情再发生。

没有看到棘手的事情发生怎么办？

我接任主管纪律的副校长时，发现自己与家长们谈的很多学生违纪行为我们都没有在场。这时，我总是要想办法有效应对这种情形，有效的方法之一就是对家长说实话，我通常会说：“马丁内兹先生，让我们很难办的是，我们两个人都没有看到你儿子确实违反了纪律。”这样的措辞可以使我们转移到其他可以完全掌控的事情上去。我随后会把谈话着重在“为保证这种事情不再发生，我们能够做些什么”上来。

如果家长依旧咄咄逼人，那么我会把谈话的主题转移到我了解情况的某些事情上去。例如，如果家长坚持认为哪位老师在找他儿子的碴儿，并且故意把他儿子送到了校长办公室，我会将谈话的焦点从我不知情的事情转到我完全知情的事情上去，谈话会来个大转弯，我会说：

“马丁内兹先生，让我们很难办的是，我们两个人都没有看到你儿子确实违反了纪律。很显然，我们两个谁也没有办法正确地处理这件事。然而我想和你分享我上周三看到的事情。他在自助餐厅打扰其他同学吃饭，还把垃圾扔在地上。我对他那天的行为进行了处理，让他在食堂帮忙捡垃圾。我们都没有看到今天发生的事情，但我上周差点因为我看到的事情与你联系。而且，如果今天他像上周一样对待其他人，我可以想象他的行为会导致情况升级。”

以这种方式交谈，我就重新把握了谈话的主导权。我并不着重讨论我没有掌握第一手资料的情况（那位学生今天所犯的错），而是强调我亲眼所见的不恰当行为。这种方法不仅可以使谈话的焦点从有争议的情形中移开，而且还为教师的处理决定进行了辩护，表明她比我更加宽容，也更加公平。

要注意，在使用这种方法时转移的方面一定是你亲眼看到的，这样才能在棘手的局面下，使它成为一种强有力的方法。教师也可以运用同样的方法，你可以就某一学生威胁其他学生而联系他的家长，但这次行为，你也许并非亲眼所见。

如果家长不配合，你可以提出你曾亲眼所见他们的孩子威胁其他同学的事例，你还可以告诉家长，那次受到威胁的学生并没有报告，这样你就能够获得谈话的主导权。也就是让家长获悉，受到威胁的学生这次报告的情形一定比你曾亲眼所见的情形更为严重。通常情况下，这种方法不仅使你能够主导与家长的谈话，而且还能够给你一点点信心来克制你的情绪。

这门课真的很难

任何一种服务行业都必须应对许多主动权并不完全掌握在我们手中的局面。如果我们在商场的投诉受理部门工作，我们也许不会订购劣质产品。但是，对于那些买到劣质产品的顾客，他们可不管你这些。他们不会去在乎你的看法，他们关心的是自己的需要。家长同样是这样，大多数家长只关心自己的子女，我们并没有批评之意。真正关心子女的家长都是我们最不担心的家长，那些并不关心孩子并经常制造事端的家长才是我们觉得难相处的家长。

> 我们要记住：在这种情况下我们必须承担责任，而不是试图推脱。这也许是一门富有挑战性的学问，也许对你来说极具挑战性，但这些对家长来说并不重要，他们主要关心的是他们的孩子。

如果学校里教学能力最强的教师布置了一次测验或家庭作业，学生完成得很糟糕（这种情况也许会发生在最优秀的教师班上），学生们怨谁？怨他们自己。学生们觉得在布置这次独立完成的作业之前，教师应当提供更好的解释，或者更多的指导。真正的问题是，学生在班上的行为，谁能控制？当然是他们自己。

如果学校里教学能力最差的教师在班上布置了一次测验或一些家庭作业，而学生们完成得很糟糕，该怨谁？学生、上一学年的教师，或者也许是家长。

最关键的是，将我们或家长们无法控制的责任转嫁到别人身上不能解决什么问题，它只会导致更大的挫折。这样做把责任从我们身上转移开来，从学生和家长身上转移开，但事实上，这些人正是应当承担责任的人。

家长们抱怨教师或校长做错了什么事，这种做法就像顾客投诉一样。他们不会在乎是谁的错，只希望问题得到解决。家长们不关心这个班里是不是都是学习不努力的学生，因为这并不是自己的孩子没有得到合理照顾的理由。所有这些借口都在告诉家长，我们在与孩子相处方面没有效率，这对于个人信誉的建立没有任何帮助。

在工作时间打电话，不要等到放学后

通常我们不得不通报坏消息的那些家长，正是我们必须经常与之打交道的家长。有时候，我们应当在快速拨号列表上为他们留个位置。我们试图在上班时间给这些家长打电话，但他们会告诉我们，不要打电话到单位去，因为他们也许会因此惹上麻烦，甚至丢掉工作。对于一般的家长或者稍微配合的家长，我会努力听取他们的意见。但是，如果我面对的是似乎没有什么办法来对付的学生，或者是极不配合学校工作的家长，我会只在家长们上班时打电话。但是，我仍将使用温和而职业的语气说话，我必须使用别的方法来引起他们的重视或是激起他们关注孩子的需求。那么，我有权力，甚至有义务采用任何方法。更重要的是，对家长而言，要使我不再打电话到他们的单位，那么他们必须要采取积极的行为纠正孩子的行为。

同样，如果在我打电话给孩子母亲的时候，从话筒里听到孩子的父亲在咆哮，那么第二天我会打电话给他。尽管那位父亲也许是最咄咄逼人的，我还是会尽量主动联系他，而不是要他来联系我。同时，我尽量只打一次电话解决问题，而不是两次。

有时候，我们向父母通报坏消息时，尽管我们做了大量的准备，付出了巨大的努力，双方的沟通仍然会出现愤怒的场面。这时，关键在于想办法熄灭家长的怒火。我在其他几章里介绍了一些熄灭家长怒火的策略和方法，但现在我们将介绍一些我们最喜欢且最常用的办法。

请不要这样对我说话

通常情况下，我们认为让家长适当发一发脾气是很重要的。我们也有失败的时候，这时如果让我们的怒火发泄一下，可以尽快冷静下来。不过，有时候家长喋喋不休的抱怨持续得太久或者演变成难听的恶骂，我们该怎么办？最佳的办法就是对他说：“请不要那样对我说话。”在这里，与所有的沟通一样，我们采用的方式方法很大程度上决定了沟通的效果。让我们了解一些适合于这种场面的特定措辞。

如果家长的怒骂已经使我难以忍受，或者他们开始了粗鲁无礼的人身攻击，那么我会以十分平静的语调，慢慢地、有风度地、充满自信地说：

“史密斯太太，请不要这样对我说话。我绝不会这样对你说话，而且我也绝不会这样对你的孩子说话。”

要记住，这不是一种威胁，也不是一种命令。没有人愿意别人教他该做什么，不该做什么，更何况眼前的家长已经怒发冲冠。但是，这些话可以达到两个目的。第一，这是一个非常合理且非常职业的请求；第二，这是一种承诺，我在承诺自己不会以他们对待我的方式来对待他们及其孩子。如果我们的方式正确，就要以非常平静的语气说出来。我们一开始不要试图打断别人说话，但如果他们超过了一定的界限，我就会打断他们。然而，家长越是暴跳如雷，我们自己越是要以更加缓慢、更加平和的语气来交谈。关于以上措辞，还有一点很重要，即它不是一种带刺激性的语言，我们不希望本已怒气冲冲的家长更加愤怒。

这时，要意识到我们还做出了承诺，承诺自己不会以这种粗鲁的方式对待他们及其孩子。当然，你不要认为这是一个难题，因为我们必须从自己做起，首先要使自己讲道理。

小孩子耳朵尖

有句古话说得好，“小孩子耳朵尖”。意思是，作为大人的我们在说一些不想让小孩子学到的话时，最好能保证不让他们听到，这在教育者与家长进行沟通时至关重要。我们可以让家长发发脾气，然而我们不允许他们在学生面前有不恰当的言行。我们乐于与家长面谈，真诚地讨论他们孩子的问题。关于孩子的个人发展，我们无所不谈。但我们决不允许他们当着孩子的面，对教师和教育工作者表现出不端的言行。使用上面提到的对话，在我们与家长面谈时会有所帮助。或许你会质问我，不想让学生听到，可以让他暂时离开办公室嘛。这种情况若是发生在学校，完全可以如此，但如果家长晚上打电话给你，你就不知道孩子是否在房间里偷听了。

与最不讲理的家长打交道，有时候他们会怂恿孩子们在一旁听他们给我们打电话。我们认为，应该努力防止这种现象的发生。如果觉得小孩正在家长的旁边听着家长骂我们，我会这样告诉家长：

“我真的希望格雷戈里不会听到我们的谈话，如果他能够听到你以这样的方式对学校里的老师说话，我会非常失望。我绝不希望他在学校里以那种语气对别人说话，因此我真的希望格雷戈里不会听到你这样对我说话。”

当然，这种方法有时候不一定奏效，但这样的声明有助于达到两个目标。其一，有助于父母知道，让他们的子女听到这样的谈话是错误的。其二，这种方法可以帮助家长控制他们的情绪，停止这种不当言行。

切记：反复重申正确的核心观点

向家长通报坏消息，有许多不同的方法。第一步就是要确定你想说什么以及怎样说。另一个重要的方面，如果家长以粗鲁的方式对待你，你可以运用哪些方法来应对。此外，要记住，在运用你的沟通技巧时，我们有时不得不进入所谓的“坏了的唱片”的模式（即反复讲同样的话），反复重申我们的观点。有时候，在交谈中，我们不得不四到五次地重复说：“好了，史密斯夫人，现在让我们谈谈怎样才能确保这种行为不会再次发生。”重申正确的核心观点，可以促使我们回归正题，从而能够掌控整个局面。

此外，要始终记住，有时候那些以挑衅的方式为他们的孩子进行辩护的家长是出于愧疚才这样做的。他们也许很清楚，自己一直没有尽到家长的责任，因此借助对老师的大吼大叫来表明他们是关心孩子的。而且，对于那些过于不讲理的家长而言，或许那种方式才是他们关心孩子的唯一方法。

建议14 与家长站在同一阵线

很多人有过从汽车经销商那里买车的经历。尽管我们不愿意与经销商讨价还价，多数人会觉得当他们买了自己心爱的车开回家时，自己“没有吃亏”。为了强调这一点，我常常向别人描述以下这个场景：

你们中有多少人在最近三年里买了新车？在100个人中，有80%的人会举起手来。然后我问：“你们中有多少人认为自己买到了便宜货？”几乎同样多的手举了起来。接着我说：“很好，那么在最近三年里没有买车的那些人中，有多少人认为那些买了新车的人真的买到了便宜的车？”令人吃惊的是，没有人举手。随后我说：“好的，那些买了新车的人，你们中有多少人真正觉得自己买到了便宜车？有多少人觉得自己真让经销商做了亏本生意？”有意思的是，在回顾这一过程时，几乎没有人觉得他们买到了便宜车。

这体现了经销商的技巧，即使在逻辑上我们不认为自己“买到了便宜货”，但在情绪上，我们却是这样认为的。了解其中的奥秘，有益于与家长沟通，对其他人际交往也有益处。当我们客观地观察这件事情时，其中最明显但可能是最有效的就是经销商使你觉得他与你站在了同一阵营。值得注意的一点是，在你的心目中，你也许将自己最终买的新车的价格与那辆车原来的价格或者标价进行了比较。由于两者之间存在较为明显的差别，你会感觉到自己买车的价格的确比较低。

你在买车时的实际价格低于你希望获得的价格时，你会觉得买到了一辆便宜车。我们都知道，标价往往不是真正的价格，他们卖给我们的最终价格只是我们所买新车的价格表上的一个折扣价。虽然如此，它还是令我们觉得对最终的价格更加满意。举这个例子，目的不是争论我们是不是一个谈判大师，而在于帮助你了解优秀的谈判者在做些什么。更为讽刺的是，你越是想争辩自己真的买到了便宜车，你越有可能证明了经销商已经成功地使你感到满意。

我还想介绍另一个例子来展示经销商的技巧。那是我在一个与众不同的校区工作的时候，有一次我开车去机场接一个开幕会的主持人。这个主持人是一位知名的绅士，他曾经主持职业体育类节目，并在这一行干得非常出色。在交谈中，我问他出机场以后打算做什么。他说："要主持一个全国性的谈判研讨会。"我说："那一定非常有趣。"然后，我提出了自己对汽车经销商的看法。我问他："为什么每个买回新车的人都会觉得自己买得很便宜，而事实上没有人真正是以低价买到车。"他哈哈大笑，并表示了对于我的观点的认同，但随后他非常严肃并且暗含挑战似的说道："你知道通常你的理论是正确的，但是上个月我的确以很低的价格买了一部新车！"

一个以谈判为职业的人，仍然坚持自己买到了便宜的新车，这显示了汽车经销商的强大亲和力。

考虑到这一点，我总是确保他人获得了公平的待遇，而且受到了尊重。然而，当我与最不讲理的人打交道、陷入最难以调解的矛盾中时，我甚至设定更高的标准。作为校长或副校长，当我给予学生停学的处分时，我的最终目标是家长对我表示感谢。这样的目标听上去难以达到，但我觉得至少90%的情况，我可以做到。我们要时刻记住，与汽车经销商合作，没有其他潜在的竞争对手关系，他们拥有与你拥有的完全相反的利益关系。他们的目标是使你尽可能多地花钱，而你的目标是钱花得越少越好。如果汽车经销商能够使你觉得自己买到了便宜的新车，那么他们肯定没有把你的最大利益放在心上。同样，教育工作者也可以实现相同的目标。至少，在教育实践中，家长和学校教师在内心深处具有完全相同的关注点，即所做的一切事情都是从孩子的利益出发。让我们看一看这样的理念是怎样行得通的。

欲抑先扬，以退为进

如果教师发现学校的厕所内烟雾缭绕，还有两个神色紧张的学生，如果你能够让他们主动承认曾在里面抽过烟，那很好。但是，如果他们拒绝承认做了任何错事，那么这种局面将很难应对。因为你并没有真正看到他们在抽烟，即使你看到了，他们仍有可能拒绝承认。这种情况下，怎样才能让他们承认呢？

我们发现，如果向学生提出下面的问题，将会是很奏效的："你们是每天都在这里抽烟，还是第一次在这抽烟？"这样的问题即使是最老练的学生也可能回答："我们是第一次在这抽烟。"然后，你可以将他们视为第一次抽烟，之后给予停学或者其他处分。同时，你要确保他们的家长知道，他们已经承认了自己抽烟。你甚至可以告诉学生："由于这是你们第一次在学校抽烟，而且你们已经承认了，我们只给予你们3天的停学处分。"即使第一次违反禁令就导致了3天停学，学生和家长也很可能对"被从轻处分"心怀感激。

这种方法并不是什么时候都好用，应当谨慎地使用它。不过，在与最难沟通的家长打交道时，我总是把它作为一种备用方法。此外，这种方法的更温和的版本将是十分有益的而且可以更频繁地使用。

作为老师，能够说“因为她告诉了我事情的真相……”或者“由于这是刚开学的第一周……”等之类的话，是一种帮助别人觉得自身受到了相对较轻处罚的好方法。

尽管人们可能会消耗4美元的汽油开车到另一家商店，为的是能够买到比这家商店便宜的东西，以此节省2.5美元，但与4美元的汽油钱相比，他们仍然觉得很划算。在心中牢记这一点，在你与家长接触时，要让他们感受到自己获得了更大的支持。

大多数时候，作为教育工作者，我们要就一些不好的结果与家长或学生进行沟通。在心中，我们要努力减少这种负面结果带来的影响。教师是一个需要爱心和同情心的职业，大多数情况下，沟通是积极的，但有时能够更加巧妙地处理一些问题也许是有益的。

让我们分析一下某学生在测验中作弊的情形。首先，我们可能会很生气，并且从内心决定给该学生的这门功课不及格，同时还要给予课后留校3个小时的处罚。然而，在我们要向学生或家长通报这件事情时，我们要这样想：她平常是一个好学生，而且这是她第一次犯这种错误。因此我们决定这样告诉学生，她这门功课将不及格，而且要课后留校1小时。这样，你可以当晚打电话给家长，或者在他们有机会打电话给你，愤怒地控诉他们的女儿受到了“双重处罚”之前主动打电话。

这个时候，你会试图为自己辩解，同样愤怒地告诉家长：“我本来要给她3个小时的课后留校处罚的。”接下来陷入了争辩之中，并且你真的很生气，因为在你内心，你已经从轻处罚了那位女生。不管最终的解决方案是怎样的，双方（家长和你）都感到心烦意乱。即使你不改变自己的决定，你也会觉得自己让步太多，可他们对你还很生气，觉得你没有足够地宽容。

不过，你可以采用这种方法：告诉那位女生，她的测验得到F，而且你正在考虑给予她课后留校3到5小时的处罚，但你需要考虑一下。接下来，在她把自己可能面临的处罚告诉父母之后，当天晚上，你打电话给她家长告诉他们这种行为有多严重，但你也清楚地知道，这是她第一次作弊，因此你愿意将她的处罚调整为测验得分F，并且课后留校1小时。如果你提到一种更加严重的处罚结果曾发生在别人身上，你会惊奇地发现这种方法将是多么有效！从轻处罚听起来对学生和家长都是如此关怀备至。

我曾经想喂养两只猫，但我妻子对养宠物并不太感兴趣。不过，我最后鼓起勇气，问她我能否养三只猫。她回答道："三只猫！让你养两只是我的极限，超过两只免谈！"我希望她不会看到这里，因为直到现在，她还觉得我没有达到我的目标。

显然，并不是任何情况都适用这种方法，我们必须明智运用才可以有效。如果每次到商店买商品都讨价还价，这会变得十分老套并且烦人。偶尔这样做一次，我们会觉得很有成效、很特别。反复运用这一方法，你得到的回报将越来越小，甚至可能产生负面的效应。

这种"妙计"可以放在我们的"锦囊"之中，并且在我们遇到特别难相处的家长时或者遇到一种难堪的局面时，拿出来使用。理解这一理念，并且知道在什么场合下如何运用它，这就像建立妙计储藏库，在最为棘手的时候可以解

> 牢记这种让别人觉得自己得到了公平待遇，或者他们买到了"便宜货"的理念，有助于我们与他人建立和维持积极的关系。

开锦囊。

将其运用到教室里

有一种情形令所有教师都觉得害怕，愤怒的家长出现在教室门口，命令他们的孩子马上跟他们走。这不仅仅是对教师的威胁，而且也会令那位学生十分为难。如果他们之前没有到过办公室，你甚至不知道他们就是那位学生的家长或监护人。你怎样处理这种局面？让我们想一想我们那位汽车经销商。

汽车经销商能够使顾客觉得，他们始终与顾客站在同一阵线上。尽管他们真正代表的是汽车经销方或他们自己，但能干的经销商总是让你觉得他们在代表你的利益。

我们知道，许多爱挑起事端的家长对管理人员非常憎恨。这与他们自己的经历有关，或许他与自己的老板无法融洽相处，或许他正官司缠身，也或许由于他们过去的经历而憎恨教育工作者。然而，让他们觉得你站在他们一边，将是十分有益的。

我第一年当教师是在一所乡村学校。有一天，我正在上课，一位喝醉了的男人走到教室外的走廊里，含糊不清地大声喊道："我来这里接强尼，孩子，让我们现在就走！"我很确定，他进学校时根本没有在办公室登记。我不知道他与那位学生是何关系，然而他身上散发出的浓浓酒味使我又多了一份担忧。我当时只想让他远离那位学生，并且跟我到办公室。由于我们教室没有配备与办公室之间的远程通话设备，所以我没办法打电话给办公室，而且即使真有通话设备，考虑到这位家长目前的情况，我宁愿不给办公室打电话，我想这样可以帮助提升一位父亲关心孩子的水平。

我平静地走向他，向他做了自我介绍，并且非常谨慎地问他是否曾在校办公室登记，没等我说完，急风骤雨般的指责迎头而来……我决定改变方法，采用与他相类似的行为，我说："很遗憾地告诉你，你知道如今的人情世故，没有人会信任你我这样诚实的人，我们总是会被披上另一层外衣。不管怎么说，许多像我们一样的好人总是碰到许多麻烦。因此，现在他们要我们去办公室进行登记。这听起来似乎很可笑，但那是我们必须做的事情，我会告诉你办公室在哪边。"

看起来似乎这家伙和我成了好朋友，我们心中都有一种"整个世界都在与我们作对"的情结。他开始对我说"对极了""像我们这样的好人"之类的话。我请另一位教师照看一下班级，然后和那位家长一同走到校办公室，抱怨这个世界在怎样"土崩瓦解"。接下来的10分钟，我都在向他推销我那部老款福特车（我只在每周的星期天才开出来），他会觉得自己得了个大便宜，而我让他感到我一直跟他站在同一阵线上。

建议15 如何回应“公平”

每个教育工作者都会面临的一个挑战就是家长投诉有些事情处理得不公平。每个学校都有一位“教室律师”，他们总能找出“不公平”的事情来。即使经验丰富的教师，也可能被他们的言行所激怒。我们常常想些方法来减少课堂上关于“公平的辩论”。也许我们和学生之间是按照公平的原则来相处的，但对于那些家长的指控，我们还是有必要正面回应的。

有些教师可能带着挖苦的口吻说“瞧，生活就是不公平的”或者“这里不是讲民主的地方”之类的话。在学校里，解决问题时可不能说这样的话，这种方法最终可能导致双方之间的消极对抗升级。

这让我想起一则老掉牙的笑话。一位教师挖苦学生：“你怎么想？”那学生随后还击说：“那么，你怎么想？”教师沾沾自喜地拉着长音说：“嗯，我想……我不知道。”没想到那学生跟着讽刺地说道：“嗯，我想……我也不知道。”

教师与学生的这种交谈是不专业的，家长肯定完全不能接受。那我们怎样才能很好地回应那些把“公平”一词常挂在嘴边的家长呢？

公平、平等，或两者兼顾

为了减少“这么做不公平”的投诉，我们要做的第一件事当然就是尽量做到公平。不仅要做到公平，而且要让别人感觉到公平。美国学者盖瑞·菲利普斯（Gary Phillips）曾评价说“将不平等的事情平等对待是没有道理的”，我们也同意这种观点。与别人打交道时，尤其是与年轻人打交道时，我们总是陷入无法事先确定怎样回答的境地，我们总是带有主观判断。其前提是，这些预先确定的标准必须是合理的。

> 但是，我们可以事先预期结果，并且与别人恰当地进行过沟通，这些做法有助于我们减少不公平的投诉。

前面我们曾描述过这样一种情形：我设置了一条课堂规则，没有交家庭作业的学生会得到零分。如果学生把作业忘在了储物柜里，那就该自认倒霉。在第一个学期时，这一纪律会十分有效，毕竟这时候只有少数一些学生忘记交作业，而且主要是那些成绩不太好、表现很一般的学生。此外，大多数作业是一些常规的家庭作业，即使给零分，也不会对他们有很大的影响。

但是，到临近期末，班上表现最好、最负责任的学生也忘记了一项非常重要的作业。她把作业忘在储物柜中，而储物柜就在教室门外。这次作业得零分，将对她的季度甚至整个第一学期的成绩产生非常大的影响。为求公平，我唯一能做的事就是使任何曾经因这条规则而受到影响的学生得到公平对待。在家长参与此事之前我就意识到这个错误，从而很好地避免了那些让我感觉不好的“你不公平”的论战。

回应“不公平”

如果家长（或其他人）声称你不公平，那么在与他们打交道时，可以用以下方法来予以回应。有趣的是，这些方法都需要你在回答中不断使用“公平”这个词。我们将以教师和教练的身份讨论情境，无论我们的职位或职责如何，都可以利用这些方法。

"如果我不这样做，将会造成不公平"

假设我试图为给那位学生的家庭作业打零分的行为辩护。如果我当天晚上接到学生家长的电话（假设学生名叫里奇，他的父亲是里卡多先生），电话中里卡多先生提出，他的儿子受到了不公平的待遇，以下是我的回答：

"感谢你对公平的关注，但里卡多先生，如果我不那样做，将会是不公平的。听起来你十分担心公平的问题，我也一样。我不希望你的儿子受到不公平的待遇。因此，为了公平，我别无选择。我知道，你希望里奇获得与班上另外120名学生一样的待遇，这样所有的事情都是公平的，而如果我不给他打零分，这将不公平。我知道你一定认同对待你儿子与对待其他学生一样的做法。因此，我能够做到公平的唯一办法就是给里奇打零分。我十分尊重你对公平处事的重要性的理解。"

现在，我们在工作中，要明确地表现出自信和坚定，而不是自作聪明地挖苦嘲讽。用平静的语气说话并且事先准备好要说的内容，这有助于我们减少这种争论。我们建议：家长越是打电话质问这种事情的"不公平"，我们越是要在回答中使用"公平"这个词。如果他们很善良并且愿意配合学校的工作，我们也许不必在回答中使用这个词。但是，如果他们是好争辩的家长，平时也处处要求公平，那么我们就需要在回答中大量使用"公平"。当然，我们也要始终保持平静，并且尽量使用肯定的语气。

说话的方式和语调同样十分关键，保持一种自信的、职业的音调和情绪是至关重要的。一旦你的声音中暗含嘲讽，你可能就是在火上浇油。所以，重要的是你要时刻审视回应家长时的方式和语调。

我女儿没有足够的上场时间——这不公平

每位教练都会面临这种情形：某位家长说他们的儿子或女儿在队里没有得到足够多的上场时间。在各种形式的体育比赛中，都会出现这种情况。在脑海里牢记前一种方法就是如果我不这样做，就会导致不公平。把它转换成：如果我这样做，将会导致不公平。以下是一个例子。

如果你是一支篮球队的教练，在某天训练之后，一位家长跑来对你说："这不公平，你没有让我女儿在大学比赛中得到足够的上场时间。"按照下面的说法进行回答，将会十分有效。

目前，你女儿的表现在队中排名第九，在所有后卫的表现中排在第四。根据这一情况，我会让她上场5分钟左右。你也许知道，通常我会让排在第三的那名后卫上场约14分钟。但是，如果你女儿继续刻苦训练，将来有一天，她可能变成排名第三、第二，甚至有可能变成队伍中的最佳后卫。如果到那个时候，她没有获得最佳后卫应该获得的足够多的上场时间，那就是不公平。我想这时候你跑来是因为自己的女儿是排名第三的后卫且没有获得14分钟左右的上场时间而生我的气。但是，据她目前的排名情况，我让她上场时间更长，将是不公平的。因为这样限制了其他更优秀队员的上场时间，而她通过自己的努力，将来有可能变成更为优秀的后卫。

重要的是帮助家长和其他人理解，现在做到公平，将来情况发生变化时，对他们的儿子或女儿能够更公平。它还使家长和学生的注意力都集中在一件事上，即努力提高学生的技能。

方法决定一切

我们再一次认真指出，方法是至关重要的。在使用这些方法的同时，需要做到平静、放松、自信、坚定。在平时对话中，训练这些特殊的语言使你能够在需要时随时将它们从“锦囊”中取出。另外你会注意到，在这些情形中，家长越是提到“公平”这个词，你也要越多地用这个词来回应。如果他们想把它作为武器，那么你也一样。不过，你要辅之以自信和职业的语调，使你能够有效地表达出你的观点。

建议16 着眼于未来，找到共识

我们与难以沟通的家长打交道时，总有一些难以达成共识的问题。他们的子女对事情的介绍可能“稍稍”不同于我们掌握的情况，家长们大都不会赞成某一结果的出现仅仅就是因为他的儿子或女儿，找到教师和家长都能够达成一致的某些共同点是关键所在。如果我们能够着眼于学生、家长和教师都能一致同意的视角或立场，这是极为宝贵的。通过着眼于未来，我们可以拥有这样的视角。

转移话题

在担任主管纪律的初中副校长时，我发现家长们常常认为给他们的孩子处分重了，有时候甚至认为根本不该给孩子处分。与这些人打交道，能够找到共同点并达成共识，这是成功解决争议的关键，同时能够让家长感受到来自学校和教师的支持。学生也可能觉得他们受到的惩罚是不公正的。我们可以达成一个共识，那就是我们不希望这种情况再次发生。

> 我们将关注焦点从现在转移到未来，可以使这种共识得到发展。

寻求家长的帮助

我们中的许多教育工作者在自己还是孩子的时候就玩过扮演教师的游

戏。玩具娃娃、毛绒玩具，甚至朋友或弟弟妹妹都成了我们的“学生”，我们有机会教他们读书、向他们解释一些事情。这些毛绒玩具特别顺从，那个心爱的洋娃娃只是坐在那里，任由我们摆弄。而且我们玩虚拟学校游戏时，也从来没有练习过打电话。此外，许多教育工作者在学生时期可能是非常讨教师喜欢的人，因此我们的家人可能从来没有接到过来自学校的负面电话。因此，当我们长大成为教师，第一次打电话给学生家长时，我们往往会感到非常不安，特别是家长没有以支持的方式回应我们。

然而，如果我们能从“试图解决争论点”转移到“关注未来”，我们可能在面对此种情况时有更好的处理办法。无论这个问题是否涉及学生的不良行为，或者其他任何重复性的失误，我们都应该把重点放在预防而不是惩罚上。举一个例子，当学生来学校却没有携带文具时，我们可能不会觉得这是一个大问题。我使用这件事作为例子是因为这是一个我们不会存在防御心理的问题。

“您好，约翰逊夫人。我是比尔·史密斯，安柏在东区高中的英语老师。很抱歉在您工作时打扰您，但我想知道我是否能得到您的帮助？”

这时你可能会想，难相处的家长可能会回答：“不！”事实上，他们更有可能等到他们知道是什么情况之后才做出否定的回答。请记住，绝大多数父母会回答“是的”或“当然，我能做什么”。

然后你继续问：“安柏有铅笔吗？”

你可能听到父母的回答是这样的：“她当然有！我们在年初给她买了24支铅笔！”

你可以继续说：“我这么问是因为这个星期她有三天没有带铅笔，我不想让她落下功课，也不想让校办公室参与进来。”

记住，没有父母希望他们的孩子在学习上落后。而我们最不愿联系的家长往往对权威没有信心，他们真的不想让办公室介入！这种方法的结果是，你和父母达成了协议，这实际上是关于未来的。你并没有试图让他们处于防御状态，也没有人陷入困境，所以当事情是关乎避免可能发生的冲突时，这是一个更容易得到满足的诉求。

要意识到，你所做的是从不可控的过去，从这种情况的细节转移到未来。然后我们会进行讨论，询问安柏是否告诉了他们这些信息。最后再次展望未来，结束对话。

“约翰逊夫人，非常感谢您愿意抽出时间和我聊天。听到您今天晚上会和她聊一聊，我很开心，因为我不希望她在学习上落后，我也不想把办公室牵扯进来。”

此外，如果你回想一下第14章汽车销售人员的策略，家长记住的两件事是：这个电话传达的内容是我们不希望看到事情再次发生，以及未来的行为可能会影响到孩子的进步。当父母听到这里时，他们已经知道该怎么做了。此外，如果你需要再次联系他们，父母已经知道了后果。

无论我们是主动与父母联系，还是收到他们的电话，在对话中转向未来是非常有益的。在下一节中，我们将描述另一种具体语言的例子，它可以帮助我们将注意力从现在转移到未来。

为防止这种事情再次发生，我们能做什么？

将谈话焦点转移到未来的另一种方法就是提出一个问题：“为防止这种事情再次发生，我们能做什么？”我们再次提出一个教师和家长能够达成共识的观点：我们都不希望它再次发生。倾听家长的诉说、保持平静，并且表明自己真正对家长的担忧十分重视，这是建立双方之间的信任和良好关系的关键所在。为了将难以进行的谈话引导向一个恰当的、有建设性的结论，我们可以依赖一些特定的对话，这也是至关重要的。

如果我们首先提到某名学生缺少某些必需的学习用品，请家长将来予以协助，这是将谈话从现在转移到将来的一种有效方式。对学生行为有效管理的最好办法就是着眼于防止此类事件再次发生，而不是着眼于对过去的不当行为进行惩罚。着眼于将来将更富建设性，其最基本和最为重要的理由就是，对于已经发生的事情我们已经无法改变，我们唯一能做的事情就是防止此类事件再次发生。

预防比惩罚更有效

我们知道，做我们能够做的事情比集中于做我们不能控制的事情更有成效。在谈话过程中，使用将目前话题引入未来的方式是十分有益的。要知道，这种方式几乎适合所有情形。因此，只要有机会，我们可在更多的背景下试一试，要使自己有心理准备并且熟悉特定的言语和对话。这样一来，一旦遇到最难以处理的场面，我们可以轻松娴熟地利用这种转移方式，即从目前转向将来。

INCREASING PARENT INVOLVEMENT

Part 5

第五篇

提升家长参与度

建议17 充分理解家长

让家长参与我们学校的工作，有助于他们理解当代教育工作者面临的困难和挑战。有了这种理解，家长会变得更容易沟通。他们会意识到我们都是有爱心、负责任的教育者，出发点都是为了孩子。即使当他们质疑我们所做的决定时，他们也会以更恰当的方式来提出疑问。想象一下，如果当地一些企业家或社区成员参观了你们的学校，他们会做何评论。在他们参与并了解学校事务之后，你可能会听到他们这样说："哇，我从来没有想过教师的工作是如此艰难。"

> 如果家长对学校事务有所了解、一定程度地参与学校管理，或者帮助他们的子女完成好家庭作业，那么他们会更加理解学校每天都会发生些什么事情。

前面曾提到，家长参与学校教育是影响学生学习的最重要因素之一。在过去十年中，无数的调查报告和大量的研究成果都表明，家长参与是学生获得成功的关键因素。事实上，为了支持这项研究，并为家长和学校提供指导，全美家长参与教育联盟（NCPIE）制定了一份改善学校与家庭关系的目标清单。

1. 沟通是建立有效伙伴关系的基础。
2. 学校可以通过社区团体进行联系。
3. 家庭可以用不同的方式支持学校和孩子的学习。

4. 学校应该创造一个欢迎家长参与的环境。

5. 家庭为儿童在家中的教育提供示范和支持。

6. 教育者可以指导家庭开展亲子活动。

7. 应该鼓励家庭发展自己的知识和技能。

8. 学校可以为员工和家长提供文化教育。

9. 应该为有兴趣参与学校管理的教育者、工作人员和家庭提供领导力培训。

10. 父母是拥护者。

11. 学校应该与社区组织合作。

如果家长的参与真的是我们作为教师取得成功的关键，那么现在难道不是认真关注这一点的时候吗？全美家长参与教育联盟（NCPIE）提到的11个目标形成了一个良好的框架。

在进一步认识到家长参与教育的积极作用后，一些大型的城市校区最近几年已经更注重他们在这方面的建设。例如，芝加哥公立学校开始为家长提供一些报告，报告重在强调家长在其子女教育方面的作用。这些报告（以目录的形式出现）目的是确定家长在家庭中支持学校教育的程度，以及家长是否履行他们的自身职责。评估的项目包括学业方面的内容，例如：学生是否能够完成家庭作业、能否带上必要的学习用品到校学习等。此外，还包括家长方面的内容，如学生早晨是否吃早餐，是否带上了应对天气变化的合适药物和衣服等。他们已经使用这些清单将近20年了，社交媒体的爆炸式发展使得定期将更新版本交给学生家长变得更加容易。

人们的注意力渐渐集中在家长参与学校事务的积极作用上，而这种参与的观念由来已久。从美国诞生之日起，在公立学校的家长参与方面，不管它是显著存在，还是不存在，都一直是影响学校教学事务的重要因素，包括课程安排和课程选择。为理解这一点，并将其与目前家长参与面临的困难相联系，我们有必要了解家长的作用在学校事务中发生的历史变化。尽管从前家长不会参与子女的教育，或者只是在其中起到支持的作用，但许多人现在正发挥越来越重要的作用。下面将阐述家长在学校事务中的作用。

过去的家长参与

许多年以前，甚至可追溯到美国诞生之日起，家长完全掌握着子女的教育。由于不存在强迫学生入学的法律，因此家长可以完全自主地决定子女接受何种程度的学校教育。同样，由于那时美国的宗教和文化信仰还比较单一，因此家长们都确信学校有助于提升其子女的价值观和信仰。此外，由于当时课程选择缺乏深度和广度，父母几乎完全能够了解到孩子们在学校学了些什么。家长参与主要包括强化学生在学校接受到的技能和价值观，因此父母对孩子接受学校教育的质量和数量的期望主要由学校来决定。

随着时间的流逝，家长对他们在子女教育中担任什么角色以及他们参与程度的看法有了些许改变，一项新的教育使命开始浮现。以前，学校教育提升了家庭的道德水准和精神特质，很快地，提升和保护美国文化也变得重要起来。尽管家长们非常支持学校以培育受教育的美国公民为目标，但他们慢慢变得不常参与学校教育的实际体系以及这些制度的制订。从他们的立场，如今一些著名的教育家，如诺亚·韦伯斯特（Noah Webster）等人就规定了学校应该教的内容以及教师应该指导什么。韦伯斯特坚信美国应当拥有一种独特的美国语言，在完善这一理念的过程中，他和美国前教育部长威廉·霍姆斯·麦加菲一道，受到这一时期课程设计的强烈影响。除了《圣经》，像著名的《麦加菲读本》之类的读物开始普及起来。家长们重视孩子的爱国主义、英勇精神以及学校宣称的强烈的职业道德，他们极为支持美国学校的教育，并且继续强化他们的家庭教育。然而，主要课程的安排仍然留给专家去决定。

随着全球化和工业化进程的加快，世界各地的教育理论迅速传入美国，源于德国的幼儿园运动就是一个例子。此外，政府加大了对学校决策的参与力度。许多自身受教育程度不高的家长，在学校应该教什么、怎么教这些问题上越来越顺从教育专家等权威人士，但这并不是说家长放弃了他们在子女教育上的所有关注。相反，有些家长更多地参与和支持孩子的教育。不过，他们的参与方式发生了改变。他们不再影响学校的课程安排决定，而是加入支持学校决策的行列。一些家长的筹款行为（如慈善烧烤会），以及一些有组织的团体（如家庭教师协会和家长教师组织），都清楚地表明了这种支持。母亲成为学校教育的主要支持者，而父亲们组成了大部分的美国就业大军，在这一问题上退居次席。

以上的介绍不能完整描述过去200年间家长在美国教育中所发挥的作用，也不能判断在各种美国社区之内和之间存在的差别。相反，它只是根据家长在子女教育中发挥的作用，使我们能够更好地了解过去家长的行为与当代家长的行为之间有何差别。

当代的家长参与

从20世纪下半叶以来，家长在子女学校教育中扮演的角色发生了重大的转变。正如第2章提到的，这种转变体现了社会发生的变迁，其中最显著的变化是家庭结构本身。在前面我们曾讨论过，这些社会变迁极大地改变了美国就业大军的构成，因而严重地影响了许多家长参与子女教育的时间。学校必须改变他们与这些家庭的父母进行沟通的方式及时间，忽略这一点，就是忽略这些变化本身的特性。

正如此前曾提到的，有一个事实同样重要，那就是当代许多父母在自己小的时候对学校有着极为负面的印象。他们所在的时代，课程选择受到限制，义务入学法没有推行或被强制执行，美国劳动人口的受教育程度相对而言不太高。他们不想参与到学校事务中，或者对自己贡献的价值感到不确定。家长们可能会害怕某位老师，或者犹豫要不要来学校开会，这是有原因的。例如，想象一下，一位家长下班后，在一天中最糟糕的交通状况下开车45分钟，却与孩子的教师进行了5分钟的简短对话。当家长感到教师可能会质疑他们作为家长的能力时，他们也会感到害怕，因此当他们来开会时，为了避免被坏消息攻击，他们会提前做好防御。如果教师说些好听的话，他们可能会感到惊讶。教师需要不断努力，让家长相信，家校合作将为孩子带来积极的互动，帮助他们在学习上取得成功。

在考虑这些要素之后，我们还需要着重思考良好的家长参与具有哪些要素。根据全美家长参与教育联盟（NCPIE）的调查，成功家长参与的关键要素包括：

• 评估家庭对于与学校合作方式的需要和兴趣。

• 基于家长和社区的投入，设定清晰和可测量的目标，以帮助社区、家长和学校培育合作和沟通的氛围。

• 建立和培训家长/家庭的联系，以便直接与家长沟通，并协调家庭活动。如有必要，这种联系应是双语的，并且对家庭及社区（包括非英语族群社区）的需要保持关注。

• 建立多种沟通机制，通过简报、幻灯片、录像带和当地报纸告知家庭、企业和社区有关家庭参与的政策和项目。

• 要认识到社区的历史、道德、语言或文化资源在家长参与子女教育方面的重要引导作用。

• 运用教育工作者与家庭之间创新的沟通方式，建立个人的、以目标为导向的沟通，并且充分利用新的沟通技术。

• 动员家长/家庭担当志愿者，帮助学校开展教育工作，承担学生餐饮和某些办公室的管理任务，还可邀请家庭成员担任班级演讲者和志愿者辅导员等角色。

• 确保有关营养、保健、残疾学生的服务等方面信息的畅通。

• 安排一些能够灵活地延伸到各种家庭团体的项目和活动。

• 定期评估家庭参与项目及活动的效率。

从中可以看出，在满足家庭需求方面，我们学校的作用已经显著增强，学校不再被视为以向学生传授知识为单一目的的机构。

> 现代学校还必须满足家长的文化、社会和教育的需求。这不仅要求学校与家长沟通，还要求他们把家长当作一种资源来使用。

与最难以沟通的家长打交道，要求我们理解他们参与子女教育的重要性和特征。无论我们是学校领导者、教师还是后勤员工，我们都在面对家长们最重要的人，即他们的孩子。每次都要牢记这一点，一位难沟通的家长来到我们学校，即使我们什么都不知道，但有一点我们是知道的，他们是为了他们的孩子来的。

建议18 增强家长对学校教育的参与

最重要的参与是父母在家里所做的事情。通过监测、支持和倡导，父母可以采取各种方式确保他们的孩子有机会取得成功。

——加西亚&桑顿

这个简单的道理引出一个非常重要的问题，鉴于我们现在已经对家长参与的重要程度有了一定的了解，我们要怎样从孩子的利益出发，加大家长的参与力度呢？更具体地说，学校可以运用哪些方法来鼓励家长参与，并使这种参与更具成效？这两个问题一直困扰着所有的教育工作者们。

你的学校在哪并不重要，你的学校是否归类为农村、城市或其他地方也不重要。如果没有强大的沟通渠道，我们需要的那种家校合作是不可能实现的。换句话说，通过搭建个人沟通的桥梁，学校与家庭之间的合作得到了增强。

> 简而言之，在学校与家长之间培育了良好的沟通合作关系的学校里就读的孩子，更有可能取得成功，无论这所学校在哪里。

社区的概念和学校作为社区的意识不能被夸大。美国公立学校的优势之一始终是学校作为社区中心所发挥的重要作用。然而，这些共同体的感觉不能再被认为是理所当然的。在过去的二十年里，许多学校都是在不属于社区的地块上建造的。因此，我们必须有意识地建立一种社区意识，甚至是一种虚拟意识，并肯定其价值观。当教师采取深思熟虑的行动将学校转变为社区时，所建立起的联系是强大而必要的。

让家长认为他们是我们学校社区的重要成员不是一件容易的事，由于存在各种问题，很大一部分家长不相信作为学校领导者的我们把他们的参与视为重要的方面。教育咨询专家、作家伊莱恩·麦克万（Elaine McEwan）提供了获取家长参与和支持的50条建议，其中包括学校氛围和学校环境问题，如营造邀请、欢迎家长参与的氛围，并且定期举办学校参观日和家长会等，这类增强学校开放感和提升学校声誉的活动极为重要。另外，麦克万建议：组织一些学校项目（如游乐园等），使家长教老师建立合作关系；举办学校的专业日（career days）活动，邀请家长来到学校，教他们的孩子一些自己职业方面的知识。这些有组织的或义务志愿合作的家长与教师的聚会，有助于打消许多家长心中与学校之间已存在的无形的隔阂。此外，我们认为这还不够，除了传统的方式，还有许多其他方式可以让家长和教师在学校里成为合作伙伴。

在学校的活动中，有父母积极参与的，你很有可能感觉到强烈的平等感，至少也是暂时性地“打破”了家长与学校之间的隔阂。在这些活动中，家长和教师的平等沟通是积极的教育合作的关键。家长以积极的眼光看教师，而教师看到的是家长合作、关怀的一面。也许更重要的是，学生们喜欢看到他们的父母与教师们一起合作，尤其是当学生喜欢这个教师的时候。

在各所学校里，极力支持家长参与的组织就是全美家长及教师协会（PTA），除了撰写若干关于家校合作关系的立场声明和决议外，他们还提供了修正其价值的合作课程。在《家校关系国家标准》中，他们为所有教师和学校在日常实践中提供了以下6项标准：

标准1：欢迎所有家庭加入学校社区。家庭是学校生活的积极参与者，家庭与家庭之间、家庭与社区之间以及学生在课堂上学习和做的事情之间都有联系。

标准2：有效沟通。家庭和学校工作人员就学生学习进行定期、双向、有意义的沟通。

标准3：支持学生成功。家庭和学校工作人员不断合作，支持学生在家中和在学校的学习和健康发展。

标准4：为所有孩子代言。家庭有权成为自己和孩子的代言人，帮助他们获得公平的学习机会。

标准5：分享权力。在影响儿童和家庭的决策中，家庭和学校教职工是平等的伙伴，他们分享信息并共同制定政策、实践和计划。

标准6：与社区合作。家庭和学校工作人员与社区成员合作，将学生、家庭和工作人员与扩大的学习机会、社区服务和公民参与联系起来。

理解为什么家长在学校要感到受欢迎，而且积极参与学生事务，只是我们要走的第一步，剩下的问题是怎样实现这些。在你自身的经历中，你可能意识到有些学校运用富有创新和目标明确的方法来加强家长对子女教育的参与。在本书中详尽地介绍这些项目是不可能的，有些项目只服务于学校所在社区的特殊需要，而有些则具有更广泛的吸引力。这些项目几乎不用修改，最终都能够在任何学校实施。下面的列表包含了一些想法，这些想法可以真正增加家长对学校的参与和支持，同时让家长了解在学校开展的学习。这些想法在规模、目标受众和关注点上各不相同，但它们都实现了让家长参与孩子学校教育的目标。

家长的参与可通过以下途径得到改善和加强：

• 利用家长志愿者协助教师完成不涉及学生信息共享的办公任务；

• 打破传统，每年至少安排两次家长会；

• 购买育儿书籍、杂志等资料，为你的学校做广告，并给家长一个借阅这些材料的机会；

• 创建家长资源中心；

• 计划一些育儿活动，这些活动对家长的责任心有促进作用，邀请能与父母谈论养育问题的演讲者；

• 安排家长志愿者听孩子朗读；

• 定期与家长见面，向家长报告学校状况，并简要介绍学生们正在学习什么以及对学生学习情况的评估；

• 开办上午或课后家庭作业俱乐部，家长可以前来帮助学生；

• 鼓励家长参与舞会或其他社交活动，允许有家长陪同的学生免费入场；

• 让家长参与学校美化工程；

• 制作志愿者资源手册，列出志愿者的兴趣和职能，供教师使用；

• 请学校的一名工作人员担任“家长协导员”，家长协导员可以为教师和家长组织培训，帮助构建良好的家校合作氛围。

这些想法的共同点是，学校需要家长协助其日常运作。此外，这些想法中有许多都包含了向父母表示感谢的元素。作为教师，如果我们希望减少遇到难相处的家长的频率，那么达到这一点就需要我们对乐于助人的家长表示感谢。我们作为教师的经验告诉我们，没有什么比表扬和夸赞更能让一个人愿意倾听你说话。请真诚地赞美学生的家长，因为他们帮助了你。一旦你意识到并实践了这一点，你与家长之间的合作困难就会减少。

家长参观学校

我们必须认识到，在当前的校园环境中，的确存在一些固有的结构性障碍，阻碍了家长参与，其中之一就是学校的规模。毫无疑问，子女在大型学校就读的家长，通常比那些在小型学校就读的家长感到更难以参与子女的教育。对于大型学校，这是一种趋势，家长总是感到自己在混乱中被遗忘了。虽然这些问题真实存在，而且也确实影响到有些家长，但我们没有理由放弃，也没有理由妄下结论，认为大型学校无法提供提高家长参与度的机会。

首先，如果有家长计划来到学校，你可以派一名学生到校门口迎接家长，带领家长到达办公室。这不仅可以让家长感受到学校对他们的重视和欢迎，还可以安抚家长的紧张情绪。其次，面临学校日和家长工作日之间的时间冲突时，学校提供的晚间活动是让家长参与进来的绝佳机会。

我们的安全制度通常使我们疏远了家长，这些制度令参观者感到不受欢迎。正如前面所介绍的，我们希望并且需要学校安全。同样重要的是，我们希望家长们感到学校是整个社会最安全的地方，使他们能够安心把孩子送进来。因此，参观者进入校园，向他说明学校肩负的安全责任，是一个极好的主意。怎样说明这也是一个重要的问题？回顾第7章，我们讨论过，友好的告示使家长在进入校门时觉得受到欢迎。但是，我们也不能高估这种友好的、欢迎的姿态对所有参观者表示欢迎的重要性。作为关注培育与家长积极互动关系的教育者，我们必须保证我们与家长的所有互动背后暗含的信息是“很高兴您的到来”。如果没有达到那种程度，就有可能给家长带来负面的感受，尽管我们是无意的。我们完全赞成采取更有效的安全措施，确保学生在校学习时的安全，但也不要让家长感到，好像他们在进入校园的时候就已经做了什么错事。

还有一个相关的规定是要求参观者在进入校园时佩戴证件。简单说，使用证件的目的是区分参观者与那些常驻校园的人（学生和教职员工），证件还可以表明这位参观者已经在校办公室进行了登记。教职员工和学生都待在学校，而只有部分参观者要佩戴这些证件。

参观者基本可以分为两大类，一类是很少来学校参观并且很多人并不认识的那些人，另一类是熟悉和遵守规则的人，学校里很多人都认识他们。还有一类参观者，通常经常待在校园，事实上每个人都认识他/她，他们也没有在办公室登记领到证件。在多数情况下，学校里的员工不愿冒犯这些人，于是懒得管他们是否佩戴证件进入学校，这对许多家长是不公平的，也会令他们生气。当我们只要求一部分参观者佩戴证件时，其背后的含义无疑是这部分人不太受欢迎。尽管我们不一定是有意的，但很多人都认识的参观者与那些只是偶尔参观学校的人获得的待遇是不相同的。要么所有人都佩戴证件，要么所有人都不佩戴。出于我们校园的安全考虑，最好是每个人都佩戴证件。

作为教育工作者，我们要反思家长参与子女教育这个问题。我们需要采取创造性的措施欢迎家长来到学校，而且必须提供一些机会来帮助他们参与学校事务。本章提供了反思家长参与学校教育的一些观点，如第17章阐述的那样，来自家长的支持，有时甚至更为重要。

> 不过，在身体力行的过程中，我们不能将参与和支持混为一谈。许多家长对学校是持支持态度的，但是他们不能参与。至少，他们不认为自己能够参与，因为我们没有帮助他们重新思考参与的含义。

建议19 增强家长在家对子女教育的参与

很多人把家长参与和家长来学校志愿承担一些工作混为一谈。这很大程度上，是由于有些学校没有看到家长在教育方面发挥的重要作用已经与他们曾发挥的作用有了很大区别。学校表面上不愿意承认和接受这些变化，迫使许多教育工作者用这种狭隘的观点来看待家长参与。尽管最近几年学校教育在很多方面（如教学技术、教育知识、课程安排等）已经有了令人欣喜的变革，但很多学校还是一直没有重视并理解当代家长与过去家长的不同。在许多学校，家长参与依然是为那些在正常上课时间碰巧有空的家长保留的。

鉴于前文介绍过的许多家长无法在教学期间来到学校这个问题，学校必须考虑其他方法来争取家长对子女教育的参与。还有一点，有些家长只要一提到去孩子就读的学校，就会产生害怕和受胁迫的感觉。那么，我们必须寻找新的办法来解决家长在家里对子女教育的参与问题，这变得更加紧迫。

> 我们需要对家长在家中的教育给予称赞，这样家长们就会知道，我们感谢他们在孩子在家时或离开学校时为加强孩子们的学习所做的努力。

沟通是关键

学校要保持家长对子女教育的参与，可采用多种方法，但要尊重一个事实：许多家长不能也不愿意亲自去学校。因此，第一步就是要求学校定期与家长沟通。在这里要记住一则警告：最好的沟通方式是双向沟通，提供和接收信息是同等重要的。许多校长和教师在这方面做得不够，因为他们错误地认为，向家长寄出了校园简报并随后打电话，就构成了一次有效的沟通。尽管这些事情的确很重要，但它们仍然是不够的。优秀的教育工作者还提供倾听别人的机会。只要涉及学生家长，这些教育工作者就会创造大量的机会让家长发表意见，就好比主办一次社交活动，让家长来到学校，与校长交谈，把意见箱挂在明显的位置，使那些不愿意与学校教师进行面对面交流的家长仍然能够表达他们的意见。优秀的教育工作者在做这些事情时，都是为了更多地倾听别人的看法。所有人类关系或者沟通培训的基础正是基于这一理念：人们通常希望先表达，然后才会乐于倾听。

> 教师以及其他学校员工必须明白，那些感觉到自己被认真倾听的家长将更有可能听取你的看法并信任你。

教育工作者都知道与家长定期沟通很重要。尽管这样，教师和校长也要知道家长也同样认为定期与学校沟通很重要。全美家长参与教育联盟（NCPIE）是一个鼓励家长参与子女教育的具有较大影响力的组织，它指出：学校应当定期与家长就孩子的进步以及学校的教育宗旨进行沟通。此外，该组织极力鼓励那些暂时没有这种理念的家长，要求这些家长获得相关的信息。这里再一次暗示了双向沟通的概念。这一联盟正共同努力充实这个领域，即家长从来没有向学校提出要参与子女教育的要求，而且也没有因此获得需要的信息。另外，他们还表达了一个重要观点，那就是家长在自己的家庭范围内，仍然能够参与孩子的学校教育。对这些家长来说，这不仅仅是一个乐于接受的主意，它还验证了这样一个事实：随着时代的变迁，家庭的需求的确已经发生了改变。

如果家长能够做到这些，对学校教师来说是一种很好的帮助，因为成功的家长与学校关系，需要双方的共同努力。学校教师必须主动接触学生家长，这点毋庸置疑。家长也必须在其子女的教育中发挥积极作用，不论学校是否主动邀请他们参与，这一论点也是正确的。家长觉得学校没有欢迎他们，而学校教师觉得家长不愿意支持或不配合，这些观点在前几章中已详细论述。最基本的原则是，在与难以沟通的家长打交道时一定要进行有效的沟通。

某些校区已经采取相关措施，告诉家长以怎样的方式在家庭里参与学校教育。内布拉斯加州米拉德的副督学史蒂芬·克莱恩·史密斯，鼓励教师告诉家长一些参与学校教育的计划：

- 定期打电话或发邮件给学校教师，并在问题发生之前与教师交流；
- 帮助校正和编辑学校简报；
- 参与学生的课程设计，并与女儿或儿子讨论专业选择；
- 鼓励家长参与其子女选择的学校活动；
- 问其子女，“今天你提出了哪些好问题”或者“今天在学校学了些什么”，然后，刻意训练自己很好地倾听孩子的回答，这是有效沟通的关键；
- 鼓励家长充分利用图书馆阅读书籍，或是购买一些书。

尽管以上所列举的事项不可能全部实现，但这些建议可以为家长参与学校教育奠定坚实的基础。归根结底，所有这些都要求教育工作者：首先，要能够意识到家长参与子女教育的重要性。其次，要理解家长，理解他们所处的环境与我们不同。最后，必须让家长明白，他们可以采用很多方法参与子女的教育，在学校正常教学期间可以参与，不来学校在家庭中参与也可以，这都可以实现。

如何让家庭教育支持学校教育

只要信息不是以居高临下的方式呈现，而是在家长更好地协助教师的努力的背景下提供的，通常都会受到欢迎，并被认为是至关重要的信息。

> 许多教师经常告诉家长他们可以在家里做些什么来支持孩子的学习。大多数家长很感激教师给出的这些建议，但这并不意味着家长已经做到了。

以下是家长需要在家中帮助孩子接受教育的一些例子。父母真的可以在家里的日常活动中为学习创造条件。以下是一些想法：

- 通过阅读树立好榜样；
- 留出家庭阅读时间，为孩子朗读，轮流大声朗读，即使他们已经能够独立阅读；
- 经常带孩子去图书馆，让他们看到你也为自己借书；
- 共同培养数学和推理能力；
- 让幼儿帮忙整理衣物，照着食谱准备食材，预报天气情况；
- 让青少年参与研究和计划家庭度假或家庭项目，如种植花园或重新粉刷房间；
- 控制家人看视频的时长以及内容，计划每周要看哪些节目；
- 问一些关于学校的具体问题，让你的孩子知道学校对你来说很重要；
- 与你的孩子一起制作日程表，规划做家务以及做作业的时间；
- 尽量把家庭作业时间安排在你或孩子的保姆可以监督的时候；

• 确保你的孩子理解他们的作业，并跟进他们的完成状况；

• 不要替孩子完成家庭作业，确保他们明白完成家庭作业是他们应该做到的。

关于家长参与子女教育，有许多成功的案例。在这些案例中，当地学校推出一些富有新意的方法来促使家长参与子女教育。除了在家里营造良好的学习环境、给学校以积极评价这些重要任务，在许多学校社区，家长还被要求辅导孩子在家里的学习。

费城一些学校推行了“家长伙伴关系计划”（Parent Partnership Program），这是另一个关于家长参与子女教育的创新。该项目为家长提供阅读材料和数学解题小册子，还包括一个“求教网络教师”（Dial-A-Teacher Assistance）的计划，帮助家长协助孩子完成所有基本学科的家庭作业。最近几年，许多学校已经进一步完善了“求教网络教师”的系统，通过社交媒体、学习管理系统或电子邮件提供帮助和作业信息。此外，某些地方还使用本地接入的有线电视。这些电视节目能够为家长辅导孩子提供一些建议，还有一些关于学生教育的较传统的电话帮助节目。

圣地亚哥联合学区（San Diego Unified School District）以英语和西班牙语学习为例，向家长提供了为辅导孩子完成英语和西班牙语家庭作业而设计的资料，这种做法基于许多学生在不讲英语的家庭里生活这样的事实。结果，由于存在交流障碍，许多家长没有参与子女的教育。作为教育工作者，我们有时候错误地假设家长与孩子一样，都能够流利地使用英语，结果事实并非如此。

与圣地亚哥一样，许多学区正在用多种语言向家长提供信息，以减少这种明显的家长参与子女教育的障碍。

除了帮助学校辅导课程学习，学校还要求家长协助学生完成其他任务，这对学校项目的成功至关重要。譬如，在印第安纳州瓦尔帕莱索的Parkview小学，家长帮助学生建立了该学校一年一度的晚间读书计划——周五夜读。针对计划的不同主题，学校会被改造成不同的场景，如奥运村、好莱坞、海滩、酒店和铁路等，这些主要取决于家长对实现这一计划目标的支持程度。尽管大多数学生家长确实支持学校事务，但周五夜读活动要求家长在家里做长达数月的大量准备工作，而且要不被孩子们发觉。家长在工作时间之外，要缝补衣服、用木头搭建巨型建筑、画画、烹饪，在家里为夜读活动做充分准备。他们的回报就是，当夜读活动拉开序幕、神秘的主题被揭开时，孩子们高兴得活蹦乱跳。这种参与，与家长们在学校教学期间亲自参与学校事务一样，都有助于孩子的成功。不过，它尊重了这样一个事实：这种参与能够极大地改善家长与学校教师之间的关系，而亲自去学校参与一定能够达到此目的。

或许，你也可以想出一些办法，充分发挥家长志愿者的光和热，而无须要求他们在教学期间协助学校的教育。如果不能，我们鼓励你努力以这种方法与家长沟通。这会降低你将来可能遇到的难沟通家长的概率，因为更多这类家长会逐渐意识到他们在你团队中的重要性。

> 团队成员之间的意见不一致，比起两个对立团队的成员之间的意见不一致更容易协调。让家长们相信他们是你团队中的一员，是减少你必须面对的难以沟通家长的重要一步。

降低家长参与子女教育的难度

本书各章都详细阐述了与难以沟通的家长打交道时有效沟通的技能，让家长知道他们在辅导孩子阅读、检查孩子的家庭作业、重视孩子的行为举止、公民权利与责任等方面的重要性，这是学校促进家长在家里参与子女教育的最重要方法。

记住，要让家长了解这些观点，如果有必要，我们需要反复强调。另一方面，如果我意识到，而且真的相信，我在你心中的地位很重要，你是不是会更难以和我沟通呢？我想答案很明显。

最后，要牢记一点，许多数据表明，一些特殊的家庭教育与学生的学习成绩紧密相关。事实上，根据一些研究人员的研究，比起家长在学校中的参与教育，学生的成绩与家长在家庭中的参与教育联系更为紧密。

从广义上定义，家长在家里对子女教育的支持有3种类型，它们都与学生在学校的表现密切相关，这3种类型是：

- 积极地安排并监督学生的时间；
- 帮助完成家庭作业；
- 与孩子讨论学校里发生的事情。

尽管这些活动的形式会因家庭的不同而异，但对于教育工作者而言，却是要不断确认它们的重要价值。我们绝不能再让家长因为没有参与孩子的学校教育而感到愧疚了。与此同时，每一位教育工作者都应让家长知道，上述这些活动能够极大地增加他们的子女在学校中获得成功的可能性。对于意识到这一点的家长，我们应当好好进行宣传，并使他们感觉到，他们是学校团队中重要的一员。

结语

Conclusion

如果我们的目标已经达到，那么我们就积累了一些新的方法和资源，这些方法和资源可供教育工作者在应对最难以沟通的家长或最棘手的场面时使用。我们要牢记“要努力和家长站在同一阵线上”这个关键的原则，那么即使遇到再难缠的家长，我们也能应对。当我们真的面对难缠的家长和难堪的场面时，有效的沟通是关键。同时，要始终秉持职业道德，并且尽量使自己显得平静而自信，这样能够帮助我们平息家长熊熊燃烧的怒火。

即使我们有些教育工作者的确与家长建立了良好的关系，也需要在我们的“锦囊”中准备好更多的“妙计”，以备不时之需。值得期待的是，本书提供了一些额外的方法，所有教育工作者在履行“教育好每一个学生”这项教育原则时，都可以使用它。要始终记住，家长越是难以沟通，他们的孩子越是需要我们付出更多关注和关怀，同时，我们要为那些难缠的家长树立起有效沟通的榜样，而不能试图“以其人之道，还治其人之身”。

记住，没有人愿意与那些难缠的家长打交道，但有心人总能以某种方式与他们沟通。即使在最好的时期，教学也是一项要求很高的职业。能够让父母不再抱怨我们，而是站在我们这一边，是个很好的方法，能够让家长与我们为每个学生的成功共同努力。

“常青藤”书系——中青文教师用书总目录

	书名	书号	定价
	特别推荐——从优秀到卓越系列		
★	从优秀教师到卓越教师：极具影响力的日常教学策略	9787515312378	33.80
★	从优秀教学到卓越教学：让学生专注学习的最实用教学指南	9787515324227	39.90
★	从优秀学校到卓越学校：他们的校长在哪些方面做得更好	9787515325637	59.90
★	卓越课堂管理（中国教育新闻网2015年度“影响教师的100本书”）	9787515331362	88.00
	名师新经典/教育名著		
	最难的问题不在考试中：先别教答案，带学生自己找到想问的事	9787515365930	48.00
	在芬兰中小学课堂观摩研修的365日	9787515363608	49.00
★	马文·柯林斯的教育之道：通往卓越教育的路径（《中国教育报》2019年度“教师喜爱的100本书”，中国教育新闻网2019年度“影响教师的100本书”。朱永新作序，李希贵力荐）	9787515355122	49.80
★	如何当好一名学校中层：快速提升中层能力、成就优秀学校的31个高效策略	9787515346519	49.00
★	像冠军一样教学（全新修订版）：提升学生认知、习惯、专注力和归属感的63个教学诀窍	9787515373287	79.90
	像冠军一样教学 2：引领教师掌握62个教学诀窍的实操手册与教学资源	9787515352022	68.00
★	如何成为高效能教师	9787515301747	89.00
★	给教师的101条建议（第三版）（《中国教育报》“最佳图书”奖）	9787515342665	49.00
★	改善学生课堂表现的50个方法：小技巧获得大改变（中国教育新闻网2010年度“影响教师的100本书”）	9787500693536	33.00
	改善学生课堂表现的50个方法操作指南：小技巧获得大改变	9787515334783	39.00
	美国中小学世界历史读本 / 世界地理读本 / 艺术史读本	9787515317397等	106.00
	美国语文读本（1~6册）	9787515314624等	252.70
	和优秀教师一起读苏霍姆林斯基	9787500698401	27.00
	快速破解60个日常教学难题	9787515339320	39.90
★	美国最好的中学是怎样的——让孩子成为学习高手的乐园	9787515344713	28.00
	建立以学习共同体为导向的师生关系：让教育的复杂问题变得简单	9787515353449	33.80
	教师成长/专业素养		
	如何爱上教学：给倦怠期教师的建议	9787515373607	49.90
	如何促进教师发展与评价：一套精准提高教师专业成长的马扎诺实操系统	9787515366913	59.90
	人工智能如何影响教学：从作业设计、个性化学习到创新评价方法	9787515370125	49.00
	项目式学习标准：经过验证的、严谨的、行之有效的课堂教学	9787515371252	49.90
	自适应学习与合作学习:如何在学校课程体系中实现学生的深度学习	9787515371276	49.90
	教师生存指南：即查即用的课堂策略、教学工具和课程活动	9787515370521	79.00
	如何管理课堂行为	9787515370941	49.90
	连接课：与中小学学科课程并重的一门课	9787515370613	49.90
	专业学习共同体：如何提高学生成绩	9787515370149	49.90
	更好的沟通：如何通过训练变得更可信、更体贴、更有人脉	9787515372440	59.90
	教师生存指南：即查即用的课堂策略、教学工具和课程活动	9787515370521	79.00
	如何更积极地教学	9787515369594	49.00
	教师的专业成长与评价性思考：专业主义如何影响和改变教育	9787515369143	49.90
	精益教育与可见的学习：如何用更精简的教学实现更好的学习成果	9787515368672	59.00
	教学这件事：感动几代人的教师专业成长指南	9787515367910	49.00
	如何更快地变得更好：新教师90天培训计划	9787515365824	59.90
	让每个孩子都发光：赋能学生成长、促进教师发展的KIPP学校教育模式	9787515366852	59.00
	60秒教师专业发展指南：给教师的239个持续成长建议	9787515366739	59.90
	通过积极的师生关系提升学生成绩：给教师的行动清单	9787515356877	49.00
	卓越教师工具包：帮你顺利度过从教的前5年	9787515361345	49.00
★	可见的学习与深度学习：最大化学生的技能、意志力和兴奋感	9787515361116	45.00
	学生教给我的17件重要的事：带给你爱、勇气、坚持与创意的人生课堂	9787515361208	39.80
★	教师如何持续学习与精进	9787515361109	39.00
	从实习教师到优秀教师	9787515358673	39.90
	像领袖一样教学：改变学生命运，使学生变得更好（中国教育新闻网2015年度“影响教师的100本书”）	9787515355375	49.00

	书名	书号	定价
★	你的第一年：新教师如何生存和发展	9787515351599	33.80
	教师精力管理：让教师高效教学，学生自主学习	9787515349169	39.90
	如何使学生成为优秀的思考者和学习者：哈佛大学教育学院课堂思考解决方案	9787515348155	49.90
	反思性教学：一个已被证明能让教师做到更好的培训项目（30周年纪念版）	9787515347837	59.90
★	凭什么让学生服你：极具影响力的日常教育策略（中国教育新闻网2017年度"影响教师的100本书"）	9787515347554	39.90
	运用积极心理学提高学生成绩（中国教育新闻网2017年度"影响教师的100本书"）	9787515345680	59.90
	可见的学习与思维教学（教学资源版）：成长型思维教学的54个教学资源	9787515354743	36.00
★	可见的学习与思维教学：让教学对学生可见，让学习对教师可见（中国教育报2017年度"教师喜爱的100本书"）	9787515345000	39.90
	教学是一段旅程：成长为卓越教师你一定要知道的事	9787515344478	39.00
	安奈特·布鲁肖写给教师的101首诗	9787515340982	35.00
	万人迷老师养成宝典学习指南	9787515340784	28.00
	中小学教师职业道德培训手册：师德的定义、养成与评估	9787515340777	32.00
	成为顶尖教师的10项修炼（中国教育新闻网2015年度"影响教师的100本书"）	9787515334066	49.90
★	T. E. T. 教师效能训练：一个已被证明能让所有年龄学生做到最好的培训项目（30周年纪念版）（中国教育新闻网2015年度"影响教师的100本书"）	9787515332284	49.00
	教学需要打破常规：全世界最受欢迎的创意教学法（中国教育新闻网2015年度"影响教师的100本书"）	9787515331591	45.00
	给幼儿教师的100个创意：幼儿园班级设计与管理	9787515330310	39.90
	给小学教师的100个创意：发展思维能力	9787515327402	29.00
	给中学教师的100个创意： 如何激发学生的天赋和特长 / 杰出的教学 / 快速改善学生课堂表现	9787515330723等	87.90
	以学生为中心的翻转教学11法	9787515328386	29.00
	如何使教师保持职业激情	9787515305868	29.00
★	如何培训高效能教师：来自全美权威教师培训项目的建议	9787515324685	39.90
	良好教学效果的12试金石：每天都需要专注的事情清单	9787515326283	29.90
★	让每个学生主动参与学习的37个技巧	9787515320526	45.00
	给教师的40堂培训课：教师学习与发展的最佳实操手册	9787515352787	39.90
	提高学生学习效率的9种教学方法	9787515310954	27.80
★	优秀教师的课堂艺术：唤醒快乐积极的教学技能手册	9787515342719	26.00
★	万人迷老师养成宝典（第2版）（中国教育新闻网2010年度"影响教师的100本书"）	9787515342702	39.00
	课堂教学/课堂管理		
★	如何成为一名反思型教师	9787515372754	59.90
	设计有效的教学评价与评分系统	9787515372488	49.90
	卓有成效的课堂管理	9787515372464	49.90
	如何在课堂上使用反馈和评价	9787515371719	49.90
	跨学科阅读技能训练：让学生学会通过阅读而学习	9787515372105	49.90
★	老师怎么做，学生才会听：给教师的学生行为管理指南	9787515370811	59.90
	精通式学习法：基于提高学生能力的学习方法	9787515370606	49.90
	好的教学是设计出来的：一套详细、先进、实用的卓越课堂设计和实施方案	9787515370705	49.00
	翻转课堂与差异化教学：以学生为中心的课内翻转教学法	9787515370590	49.00
	精益备课法：在课堂上少做多得的实用方法	9787515370088	49.00
	记忆教学法：利用记忆在课堂上建立深入和持久的学习	9787515370095	49.00
	动机教学法：利用学习动机科学来提高课堂上的注意力和努力	9787515370101	49.00
	目标教学法	9787515372952	49.90
★	课堂上的提问逻辑：更深度、更系统地促进学生的学习与思考	9787515369983	49.90
	可见的教学影响力：系统地执行可见的学习5D深度教学	9787515369624	59.00
	极简课堂管理法：给教师的18个精进课堂管理的建议	9787515369600	49.00
★	像行为管理大师一样管理你的课堂：给教师的课堂行为管理解决方案	9787515368108	59.00
	差异化教学与个性化教学：未来多元课堂的智慧教学解决方案	9787515367095	49.90
	如何设计线上教学细节：快速提升线上课程在线率和课堂学习参与度	9787515365886	49.00
	设计型学习法：教学与学习的重新构想	9787515366982	59.00
	让学习真正在课堂上发生：基于学习状态、高度参与、课堂生态的深度教学	9787515366975	49.00

	书名	书号	定价
	让教师变得更好的75个方法：用更少的压力获得更快的成功	9787515365831	49.00
	技术如何改变教学：使用课堂技术创造令人兴奋的学习体验，并让学生对学习记忆深刻	9787515366661	49.00
	课堂上的问题形成技术：老师怎样做，学生才会提出好的问题	9787515366401	45.00
	翻转课堂与项目式学习	9787515365817	45.00
★	优秀教师一定要知道的19件事：回答教师核心素养问题，解读为什么要向优秀者看齐	9787515366630	39.00
	从作业设计开始的30个创意教学法：运用互动反馈循环实现深度学习	9787515366364	59.00
	基于课堂中精准理解的教学设计	9787515365909	49.00
	如何创建培养自主学习者的课堂管理系统	9787515365879	49.00
	如何设计深度学习的课堂：引导学生学习的176个教学工具	9787515366715	49.90
	如何提高课堂创意与参与度：每个教师都可以使用的178个教学工具	9787515365763	49.90
	如何激活学生思维：激励学生学习与思考的187个教学工具	9787515365770	49.90
	男孩不难教：男孩学业、态度、行为问题的新解决方案	9787515364827	49.00
★	高度参与的线上线下融合式教学设计：极具影响力的备课、上课、练习、评价项目教学法	9787515364438	49.00
★	跨学科项目式教学：通过“+1”教学法进行计划、管理和评估	9787515361086	49.00
	课堂上最重要的56件事	9787515360775	35.00
★	全脑教学与游戏教学法	9787515360690	39.00
★	深度教学：运用苏格拉底式提问法有效开展备课设计和课堂教学	9787515360591	49.90
★	一看就会的课堂设计：三个步骤快速构建完整的课堂管理体系	9787515360584	39.90
	如何有效激发学生学习兴趣	9787515360577	38.00
	如何解决课堂上最关键的9个问题	9787515360195	49.00
	多元智能教学法：挖掘每一个学生的最大潜能	9787515359885	39.90
★	探究式教学：让学生学会思考的四个步骤	9787515359496	39.00
	课堂提问的技术与艺术	9787515358925	49.00
	如何在课堂上实现卓越的教与学	9787515358321	49.00
	基于学习风格的差异化教学	9787515358437	39.90
★	如何在课堂上提问：好问题胜过好答案	9787515358253	39.00
★	高度参与的课堂：提高学生专注力的沉浸式教学	9787515357522	39.90
	让学习变得有趣	9787515357782	39.00
★	如何利用学校网络进行项目式学习和个性化学习	9787515357591	39.90
	基于问题导向的互动式、启发式与探究式课堂教学法	9787515356792	49.00
	如何在课堂中使用讨论：引导学生讨论式学习的60种课堂活动	9787515357027	38.00
	如何在课堂中使用差异化教学	9787515357010	39.90
★	如何在课堂中培养成长型思维	9787515356754	39.90
	每一位教师都是领导者：重新定义教学领导力	9787515356518	39.90
★	教室里的1-2-3魔法教学：美国广泛使用的从学前到八年级的有效课堂纪律管理	9787515355986	39.90
	如何在课堂中使用布卢姆教育目标分类法	9787515355658	39.00
	如何在课堂上使用学习评估	9787515355597	39.00
	7天建立行之有效的课堂管理系统：以学生为中心的分层式正面管教	9787515355269	29.90
	积极课堂：如何更好地解决课堂纪律与学生的冲突	9787515354590	38.00
	设计智慧课堂：培养学生一生受用的学习习惯与思维方式	9787515352770	39.00
	追求学习结果的88个经典教学设计：轻松打造学生积极参与的互动课堂	9787515353524	39.00
	从备课开始的100个课堂活动设计：创造积极课堂环境和学习乐趣的教师工具包	9787515353432	33.80
	老师怎么教，学生才能记得住	9787515353067	48.00
	多维互动式课堂管理：50个行之有效的方法助你事半功倍	9787515353395	39.80
	智能课堂设计清单：帮助教师建立一套规范程序和做事方法	9787515352985	49.90
	提升学生小组合作学习的56个策略：让学生变得专注、自信、会学习	9787515352954	29.90
	快速处理学生行为问题的52个方法：让学生变得自律、专注、爱学习	9787515352428	39.00
	王牌教学法：罗恩·克拉克学校的创意课堂	9787515352145	39.80
	让学生快速融入课堂的88个趣味游戏：让上课变得新颖、紧凑、有成效	9787515351889	39.00
★	如何调动与激励学生：唤醒每个内在学习者（李希贵校长推荐全校教师研读）	9787515350448	39.80
	合作学习技能35课：培养学生的协作能力和未来竞争力	9787515340524	59.00
	基于课程标准的STEM教学设计：有趣有料有效的STEM跨学科培养教学方案	9787515349879	68.00
	如何设计教学细节：好课堂是设计出来的	9787515349152	39.00

	书名	书号	定价
	15秒课堂管理法：让上课变得有料、有趣、有秩序	9787515348490	49.00
	混合式教学：技术工具辅助教学实操手册	9787515347073	39.80
	从备课开始的50个创意教学法	9787515346618	39.00
	给小学教师的100个简单的科学实验创意	9787515342481	39.00
	老师如何提问，学生才会思考	9787515341217	49.00
	教师如何提高学生小组合作学习效率	9787515340340	39.00
	卓越教师的200条教学策略	9787515340401	49.90
	中小学生执行力训练手册：教出高效、专注、有自信的学生	9787515335384	49.90
	从课堂开始的创客教育：培养每一位学生的创造能力	9787515342047	33.00
	提高学生学习专注力的8个方法：打造深度学习课堂	9787515333557	35.00
	改善学生学习态度的58个建议	9787515324067	36.00
★	全脑教学（中国教育新闻网2015年度“影响教师的100本书”）	9787515323169	38.00
★	全脑教学与成长型思维教学：提高学生学习力的92个课堂游戏	9787515349466	39.00
★	哈佛大学教育学院思维训练课：让学生学会思考的20个方法	9787515325101	59.90
	完美结束一堂课的35个好创意	9787515325163	28.00
	如何更好地教学：优秀教师一定要知道的事	9787515324609	49.90
	带着目的教与学	9787515323978	39.90
★	美国中小学生社会技能课程与活动（学前阶段/1~3年级/4~6年级/7~12年级）	9787515322537等	215.70
	彻底走出教学误区：开启轻松智能课堂管理的45个方法	9787515322285	28.00
	破解问题学生的行为密码：如何教好焦虑、逆反、孤僻、暴躁、早熟的学生	9787515322292	36.00
	13个教学难题解决手册	9787515320502	28.00
★	让学生爱上学习的165个课堂游戏	9787515319032	59.00
	美国学生游戏与素质训练手册：培养孩子合作、自尊、沟通、情商的103种教育游戏	9787515325156	49.00
	老师怎么说，学生才会听	9787515312057	39.00
	快乐教学：如何让学生积极与你互动（中国教育新闻网2010年度“影响教师的100本书”）	9787500696087	29.00
★	老师怎么教，学生才会提问	9787515317410	29.00
★	快速改善课堂纪律的75个方法	9787515313665	39.90
★	教学可以很简单：高效能教师轻松教学7法	9787515314457	39.00
★	好老师可以避免的20个课堂错误（中国教育新闻网2010年度“影响教师的100本书”）	9787500688785	39.90
★	好老师应对课堂挑战的25个方法（《给教师的101条建议》作者新书）	9787500699378	25.00
★	好老师激励后进生的21个课堂技巧	9787515311838	39.80
★	开始和结束一堂课的50个好创意	9787515312071	29.80
	好老师因材施教的12个方法（美国著名教师伊莉莎白“好老师”三部曲）	9787500694847	22.00
★	如何打造高效能课堂	9787500680666	29.00
	合理有据的教师评价：课堂评估衡量学生进步	9787515330815	29.00
	班主任工作/德育		
	30年班主任，我没干够（《凭什么让学生服你》姊妹篇）	9787515370569	59.00
★	北京四中8班的教育奇迹	9787515321608	36.00
★	师德教育培训手册	9787515326627	29.80
★	好老师征服后进生的14堂课（美国著名教师伊莉莎白“好老师”三部曲）	9787500693819	39.90
	优秀班主任的50条建议：师德教育感动读本（《中国教育报》专题推荐）	9787515305752	23.00
	学校管理/校长领导力		
	改造一所学校的设计新方案	9787515373737	69.90
★	哈佛大学教育学院学校创新管理课	9787515369389	59.90
	如何构建积极型学校	9787515368818	49.90
	卓越课堂的50个关键问题	9787515366678	39.00
	如何培育卓越教师：给学校管理者的行动清单	9787515357034	39.00
★	学校管理最重要的48件事	9787515361055	39.80
	重新设计学习和教学空间：设计利于活动、游戏、学习、创造的学习环境	9787515360447	49.90
	重新设计一所好学校：简单、合理、多样化地解构和重塑现有学习空间和学校环境	9787515356129	49.00
	学校管理者平衡时间和精力的21个方法	9787515349886	29.90
	校长引导中层和教师思考的50个问题	9787515349176	29.00
	如何定义、评估和改变学校文化	9787515340371	49.90

书名	书号	定价
优秀校长一定要做的18件事（中国教育新闻网2009年度“影响教师的100本书”）	9787515342733	39.90
学科教学/教科研		
精读三国演义20讲：读写与思辨能力提升之道	9787515369785	59.90
中学古文观止50讲：文言文阅读能力提升之道	9787515366555	59.90
完美英语备课法：用更短时间和更少材料让学生高度参与的100个课堂游戏	9787515366524	49.00
人大附中整本书阅读取胜之道：让阅读与作文双赢	9787515364636	59.90
北京四中语文课：千古文章	9787515360973	59.00
北京四中语文课：亲近经典	9787515360980	59.00
从备课开始的56个英语创意教学：快速从小白老师到名师高手	9787515359878	49.90
美国学生写作技能训练	9787515355979	39.90
《道德经》妙解、导读与分享（诵读版）	9787515351407	49.00
京沪穗江浙名校名师联手教你：如何写好中考作文	9787515356570	49.90
京沪穗江浙名校名师联手授课：如何写好高考作文	9787515356686	49.80
★ 人大附中中考作文取胜之道	9787515345567	59.90
★ 人大附中高考作文取胜之道	9787515320694	49.90
★ 人大附中学生这样学语文：走近经典名著	9787515328959	49.90
四界语文（《中国教育报》2017年度“教师喜爱的100本书”）	9787515348483	49.00
让小学一年级孩子爱上阅读的40个方法	9787515307589	39.90
让学生爱上数学的48个游戏	9787515326207	26.00
轻松100课教会孩子阅读英文	9787515338781	88.00
情商教育/心理咨询		
如何防止校园霸凌：帮助孩子自信、有韧性和坚强成长的实用工具	9787515370156	59.90
连接课：与中小学学科课程并重的一门课	9787515370613	49.90
给大人的关于儿童青少年情绪与行为问题的应对指南	9787515366418	89.90
教师焦点解决方案：运用焦点解决方案管理学生情绪与行为	9787515369471	49.90
9节课，教你读懂孩子：妙解亲子教育、青春期教育、隔代教育难题	9787515351056	39.80
★ 学生版盖洛普优势识别器（独一无二的优势测量工具）	9787515350387	169.00
与孩子好好说话（获“美国国家育儿出版物（NAPPA）金奖”）	9787515350370	39.80
中小学心理教师的10项修炼	9787515309347	36.00
★ 别和青春期的孩子较劲（增订版）（中国教育新闻网2009年度“影响教师的100本书”）	9787515343075	39.90
★ 100条让孩子胜出的社交规则	9787515327648	28.00
守护孩子安全一定要知道的17个方法	9787515326405	32.00
幼儿园/学前教育		
幼儿园室内区域活动书：107个有趣的学习游戏活动	9787515369778	59.90
幼儿园户外区域活动书：106个有趣的学习游戏活动	9787515369761	59.90
中挪学前教育合作式学习：经验·对话·反思	9787515364858	79.00
幼小衔接听读能力课	9787515364643	33.00
用蒙台梭利教育法开启0~6岁男孩潜能	9787515361222	45.00
德国幼儿的自我表达课：不是孩子爱闹情绪，是她/他想说却不会说！	9787515359458	59.00
德国幼儿教育成功的秘密：近距离体验德国学前教育理念与幼儿园日常活动安排	9787515359465	49.80
美国儿童自然拼读启蒙课：至关重要的早期阅读训练系统	9787515351933	49.80
幼儿园30个大主题活动精选：让工作更轻松的整合技巧	9787515339627	39.80
★ 美国幼儿教育活动大百科：儿童学习与发展指南用书 科学 / 艺术 / 健康与语言 / 社会	9787515324265等	600.00
蒙台梭利儿童教育手册：3~6岁儿童学习与发展指南（实践版）	9787515307664	33.00
★ 自由地学习：华德福的幼儿园教育	9787515328300	49.90
教育主张/教育视野		
为问题提出而教：支持学生从问题走向问题解决的学习模型	9787515372716	59.90
重新定义教育：为核心素养而教，为生存能力而学（中国教育新闻网2023年度“影响教师的100本书”）	9787515369945	59.90
重新定义学习：如何设计未来学校与引领未来学习	9787515367484	49.90
教育新思维：帮助孩子达成目标的实战教学法	9787515365848	49.00
用心学习：教育大师托尼·瓦格纳的学习之道（中国教育新闻网2023年度“影响教师的100本书”）	9787515366685	59.90

	书名	书号	定价
	为什么学生不喜欢上学？：认知心理学家解开大脑学习的运作结构，如何更有效地学习与思考（中国教育新闻网2023年度“影响教师的100本书”）	9787515367088	59.90
★	教学是如何发生的：关于教学与教师效能的开创性研究及其实践意义	9787515370323	59.90
★	学习是如何发生的：教育心理学中的开创性研究及其实践意义	9787515366531	59.90
	父母不应该错过的犹太人育儿法	9787515365688	59.00
	如何在线教学：教师在智能教育新形态下的生存与发展	9787515365855	49.00
	正向养育：黑幼龙的慢养哲学	9787515365671	39.90
	颠覆教育的人：蒙台梭利传	9787515365572	59.90
	如何科学地帮助孩子学习：每个父母都应知道的77项教育知识	9787515368092	59.00
	学习的科学：每位教师都应知道的99项教育研究成果（升级版）	9787515368078	59.90
	学习的科学：每位教师都应知道的77项教育研究成果	9787515364094	59.00
	真实性学习：如何设计体验式、情境式、主动式的学习课堂	9787515363769	49.00
	哈佛前1%的秘密（俞敏洪、成甲、姚梅林、张梅玲推荐）	9787515363349	59.90
	基于七个习惯的自我领导力教育设计：让学校育人更有道，让学生自育更有根	9787515362809	69.00
	终身学习：让学生在未来拥有不可替代的决胜力	9787515360560	49.90
	颠覆性思维：为什么我们的阅读方式很重要	9787515360393	39.90
	如何教学生阅读与思考：每位教师都需要的阅读训练手册	9787515359472	39.00
	成长型教师：如何持续提升教师成长力、影响力与教育力	9787515368689	48.00
	教出阅读力	9787515352800	39.90
	为学生赋能：当学生自己掌控学习时，会发生什么	9787515352848	33.00
★	如何用设计思维创意教学：风靡全球的创造力培养方法	9787515352367	39.80
	如何发现孩子：实践蒙台梭利解放天性的趣味游戏	9787515325750	32.00
	如何学习：用更短的时间达到更佳效果和更好成绩	9787515349084	49.00
	教师和家长共同培养卓越学生的10个策略	9787515331355	27.00
★	如何阅读：一个已被证实的低投入高回报的学习方法	9787515346847	39.00
★	芬兰教育全球第一的秘密（钻石版）（《中国教育报》等主流媒体专题推荐）	9787515359922	59.00
	培养终身学习能力和习惯的芬兰教育：成就每一个学生，拥有适应未来的核心素养和必备技能	9787515370415	59.00
★	杰出青少年的7个习惯（精英版）	9787515342672	39.00
	杰出青少年的7个习惯（成长版）	9787515335155	29.00
★	杰出青少年的6个决定（领袖版）（全国优秀出版物奖）	9787515342658	49.90
★	7个习惯教出优秀学生（第2版）（全球畅销书《高效能人士的七个习惯》教师版）	9787515342573	39.90
	学习的科学：如何学习得更好更快（中国教育新闻网2016年度“影响教师的100本书”）	9787515341767	39.80
	杰出青少年构建内心世界的5个坐标（中国青少年成长公开课）	9787515314952	59.00
★	跳出教育的盒子（第2版）（美国中小学教学经典畅销书）	9787515344676	35.00
	夏烈教授给高中生的19场讲座	9787515318813	29.90
★	学习之道：美国公认经典学习书	9787515342641	39.00
★	翻转学习：如何更好地实践翻转课堂与慕课教学（中国教育新闻网2015年度“影响教师的100本书”）	9787515334837	32.00
★	翻转课堂与慕课教学：一场正在到来的教育变革	9787515328232	26.00
	翻转课堂与混合式教学：互联网+时代，教育变革的最佳解决方案	9787515349022	29.80
	翻转课堂与深度学习：人工智能时代，以学生为中心的智慧教学	9787515351582	29.80
★	奇迹学校：震撼美国教育界的教学传奇（中国教育新闻网2015年度“影响教师的100本书”）	9787515327044	36.00
★	学校是一段旅程：华德福教师1~8年级教学手记	9787515327945	49.00
★	高效能人士的七个习惯（30周年纪念版）（全球畅销书）	9787515360430	79.00

您可以通过如下途径购买：

1. 书　　店：各地新华书店、教育书店。
2. 网上书店：当当网（www.dangdang.com）、天猫（zqwts.tmall.com）、京东网（www.jd.com）。
3. 团　　购：各地教育部门、学校、教师培训机构、图书馆团购，可享受特别优惠。

购书热线：010-65511272 / 65516873

为什么学生不喜欢上学？

认知心理学家解开大脑学习的运作结构，如何更有效地学习与思考

作者简介

1983年，丹尼尔·T. 威林厄姆于杜克大学获得心理学本科学位；1990年，他获得哈佛大学认知心理学博士学位；从1992年至今，他在美国弗吉尼亚大学担任心理学教授。其研究主要关注以大脑为基础的学习和记忆，主要围绕认知心理学在基础教育方面的应用。

作　者：[美] 丹尼尔·T. 威林厄姆
出版社：中国青年出版社
ISBN　：978-7-5153-6708-8
定　价：59.90元

内容简介

本书作者以多种方式对认知科学进行了专业检验，将这些知识与教学实践活动结合起来，对如何学习和思考做出了清晰的解释，为教育工作者和决策者提供了强有力的蓝图。你将从本书中了解到认知心理学如何影响与促进学习和教学，认识到故事、情感、记忆、背景知识练习在构建知识和创造持久学习经验中的重要性，并据此给出了教育工作者提高学生的学习能力与精进自身教学技艺的方法建议。

- 中国教育学会副会长李希贵特别推荐，新教育实验发起人朱永新作序推荐
- 掌握学习的关键，构建科学的学习体系：

  记忆是思考的残留物
  思考能力取决于掌握的事实性知识
  原来学习知识也有“复利效应”
  利用分块记忆，突破工作记忆的有限空间
  长期记忆为何需要超量学习和间隔效应
  拒绝反复练习，就不可能精通任何脑力工作
  重塑智能需要持续努力
  技术并没有改变当代人的思考方式
  ……